新しい資本主義

希望の大国・日本の可能性

原 丈人
Hara George

PHP新書

目次

新しい資本主義——希望の大国・日本の可能性

第一章 金融資本主義の何が間違っていたのか
——幸せは「数式」では表せない

Ⅰ 金融資本主義の崩壊は必然だった

産業をつぶしたIRRとROE 12

金融工学は「実験室の中」に帰れ 17

Ⅱ ファンドを規制する具体的な方法

ファンドの理屈で研究開発はできない 21

アクティビストの弊害を止める方法 23

中長期の資本市場をつくれ 26

Ⅲ あの「幻のような好景気」の理由

なぜ原油があれほどまで高騰したか 28

基幹産業の端境期に起きる「過剰流動性」 30

ファンドは「奴隷商人」と同じ 33

日本が未来をつくっていこう 35

第二章 「大減税」で繁栄する日本
——次なる基幹産業の覇者となる方策

I 「金の卵を産むガチョウ」を生み出せ
世界でいちばん税率が低い国へ 40
産業革命をもたらしたコア技術 44
コンピュータ大発展の背景 47
「ITで上げ潮を」は筋が悪い 51

II 「コア技術」を開発できる理由
イノベーションを生む風土 56
なぜアメリカは地に落ちたか 61

III 「投資減税」で夢ある日本を
税制を変えればすぐ実現できる 68
一兆三〇〇〇億円あればいい 70

日本だけができる「好循環」 74

第三章 コンピュータはもはや足枷
——新ビジネスを生み出す画期的コア技術は何か

Ⅰ 「解けない技術」を解く技術
コンピュータでは越えられない大きな壁 78
「ＩＦＸ」の威力 84
見取り図を描き、発掘せよ 88

Ⅱ コミュニケーションの大進化
なぜコンピュータは使い勝手が悪いのか 93
歪んだコンピュータ産業 98
ＰＵＣが暮らしを変える 101

Ⅲ 「実業立国」日本が世界を制する

中国やインドを脅威とする愚　106
新しいサービス業を立ち上げよ　109
「より強い力」でぶつかれ　113

第四章　途上国援助の画期的実践
――日本人によるおもしろくて、採算も取れる活動を

Ⅰ　最新テクノロジーで「貧困」に挑む
成功モデルを広げていこう　118
教育や医療の遠隔サービス　120
途上国を一気に最先端へ　124
Ⅱ　国連旗の下での民間による支援
スピルリナ・プロジェクト　130
どんどん広がる可能性　138

PaV・iDIAとは何か 143
Ⅲ マイクロクレジットを日本人の手で
貧困層の生活向上を図れる活動 147
志ある人びとの結集を 150

第五章 公益資本主義の経営へ——市場万能・株主至上の弊害を斬る

Ⅰ 世の中への貢献こそが価値
あまりにおかしくないか 156
経済理論の信憑性 159
都合よく使われるツール 162
エネルギーと食糧はマーケットだけに任せるな 165
ストックオプションは毒 170

Ⅱ すべての会社は「中小企業」になる

新たな価値基準を打ち立てよ 173
創造性・幸福感・柔軟性のある会社 175
志をもとに活性化する組織 178
いま目の前の階段を上れ 181

あとがき

第一章 金融資本主義の何が間違っていたのか

——幸せは「数式」では表せない

I 金融資本主義の崩壊は必然だった

産業をつぶしたIRRとROE

アメリカ発の金融危機は、一気に世界経済の景色を一変させた。だが、二〇〇三年三月六日付の『読売新聞』「論点」でも書いたように、ずいぶん以前からアメリカの金融資本主義の動きに警鐘《けいしょう》を鳴らしてきた私からすれば、これは十分に予期できた出来事だった。そもそも、「産業の中心」にはなりえない金融業が、わがもの顔でこれほどまで「バブル」によって拡大してしまったがために、必然的に崩れが起きたのだ。

なぜ、本来は脇役であるべき金融が、ここまでの規模に拡大したのか。アメリカで一九七〇年代から八〇年代、コンピュータを中心としたIT産業が勃興《ぼっこう》したときは、まだ「まず産業ありき」であり、新しく開発された技術を使って製品をつくり、その製品を使って新しい産業モデルや新しいサービス業を生み出そうとする夢と熱気に満ちていた。その流れを支援したのが金融だ。そのころ金融はまだ、あくまで縁の下の力持ちであって、主役は起業家であり、企業人であった。
八〇年代の終わりにＩＴ産業が開花する基盤ができあがり、そしてそれが九〇年代に一気

(13)　12版　2003年（平成15年）3月6日（木曜日

論点

企業は誰のものなのか

原《はら》　文人《じょうじ》　デフタパートナーズ会長

米国の資本主義は、社会に有用な企業を全部崩壊に導いていく可能性すらある。その理由は、コーポレートガバナンス（企業統治）の要をなす「企業は株主のもの」という間違った考え方にある。

特に、株式を公開している企業は従業員や顧客、仕入先などを含めた公共的なものであり、決して株主だけのものではない。株式を最低五年以上長期的に持ち続け、その企業を支えようという株主なら「企業の持ち主」の一人といえよう。しかし、米国の大株主の多くは、短期的に株価を吊《つ》り上げ高値で売り抜ける。つまり自身の利益を最大化することが目的なのであるにもかかわらず、企業の再生や活性化などと大義名分を高らかに唱えるところに問題がある。

こうした方法がまかり通るのは、短期的に株価が上がることは米国公開企業の最高経営責任者（CEO）にとっても好都合だからである。CEOは多額のストックオプション（将来の自社株を現在の価格で買う権利）を所有しているので、なんとしても株価を上げる必要がある。このように短期的時価総額を追求する株主とCEOとの構造的問題を解決するには、公開企業におけるストックオプションを廃止するのが一番手っ取り早い。株価というものは、仕手筋がつけば上がるし、一九八七年のブラックマンデーのような大暴落があればいくら業績を上げても株価は下がる。つまり公開後の株価は企業努力よりは、外部要因による需給関係で大きく上下するので、努力の対価としてストックオプションを与えることは、理論的にもおかしい。一方未公開企業の場合は、創業者だけでなく、後から入った従業員経営陣にも、効果的に所有権を配分する方法として有効である。しかし公開後は廃止することが望ましい。

従業員数数名のベンチャーから、数千人を超える大企業まで、多数の欧米企業の社外取締役を経験していえることは、米国にあっても理想的なコーポレートガバナンスは少ないということである。本来CEOを、助言し、また暴走を食い止めるのが社外役員の役割であるのだが、社外取締役が本来の役割を果たすのは非常に難しい。これは社外役員選任の方法に原則論との矛盾があるからだ。

エンロンなどの会計不正も「まさか」ではなく起こるべくして起きた事件であり、私はそこに米国型資本主義の欠陥を見る。そしてこうした事態を招いたのは経営大学院におけるテクノクラート養成教育に起因するところが大きい。

私自身スタンフォードのビジネススクールで、株主資本利益率（ROE）など時価総額の最大化を図る為の様々な手段を学んだ。手段は目的にはなりえないと教えるべきなのにそこまで深みのある教師は少ない。

減損会計をはじめとする中途半端な時価会計主義の手法はマクロ経済の振り子の幅を大きくし、製造業をますます窮地に追い込んでしまう。ディスカウントキャッシュフローなど米国式企業価値の評価方法を乱用すると、この世からベンチャー企業などはすべて消えてしまう。

二十一世紀の企業経営と国家経営のあり方を考えるための財団「アライアンス・フォーラム」では新たな時代の経営と価値創造のための羅針盤を創る活動を行っている。そこで議論されているように、日本企業は米国の手法を鵜《う》呑みにする必要はないし、米国の風潮に振り回される必要もない。いいところだけを吸収し、地球の未来にとって悪い点は正し、米国のシステムを上回るものを創ればいい。間違っても、時価総額を最大化することが企業目標だと勘違いしたり、ROEなどの手段を目的と取り違えて数字ばかりを追わないこと。企業は誰のもので何のためにあるのかという問いに対し基本に立ち帰るべきである。

◇

欧米で著名なベンチャーキャピタリスト。日米講和条約50周年式典共同議長等歴任。50歳。

『読売新聞』2003年3月6日付

に花開く。ＩＴは新しい産業として、すさまじい勢いで価値を生み出していく。そのため、リスクをかけてこの産業に投資をしていたベンチャーキャピタルをはじめとするさまざまな種類の金融業は、膨大な利益を享受することになった。

あまりに儲《もう》かって、実際に会社をつくっている人間よりも、そこに投資した人間のほうが高いリターンを得ることになった。そうなれば、苦闘奮闘し、知恵をしぼり、リスクを覚悟して製品化の高い山を越えていくより、金融だけで儲けたほうが効率的、という考えが蔓延《まんえん》しはじめる。

そこでまず、ＩＴ産業に必要以上の資金が流れ込み、「新しい技術で新しい価値をつくる」という夢ある部分とはまったく別の思惑の下、新興産業の勢いを駆るだけのネットバブルが狂乱することになった。ベンチャーキャピタルによる投資金額総量も、八〇年代には毎年三〇〇〇億円以下の規模だったものが、二〇〇〇年ごろには一〇兆円という、とてつもない規模にまで拡大していった。

だが、そのような流れが逆に、実際に価値を生み出す産業を食いつぶしていくことになる。

投資する側が重んじる指標の一つにＩＲＲ（内部投資収益率）というものがある。これは、投資に対してどれほどのリターンがあったかを年率で表すもので、この指標によれば、同じリターンを得るなら、十年よりも五年、五年よりも一年というようになるべく短期のほうが効率がよいということになる。

一見、もっともな考え方だが、この指標ばかりにとらわれていると、研究開発に多額の資金を投下し、長く時間をかけるリスクを背負うよりも、短期間で儲かる仕事をしたほうがよいということになってしまう。IRRを過度に重視すると、表向きすぐに儲かりそうに見える安直なベンチャーだけが投資の対象になりがちになる。

一方、経営側としても、ROE（株主資本利益率）が重視されるようになる。この指標があらためてうるさくいわれるようになったのは比較的新しく、ネットバブルのころは、「製品やサービスのユーザー一人あたり、一万ドルの価値がある」などとまことしやかにいわれて、本業がどんなに赤字の企業でも高い株価がついた事例がいくらでもあった。だが、ネットバブルが弾けると、その反省から、指標としてROEが重んじられるようになったのである。

これも、「株主の投資に対して、どれだけのリターンを上げたか」を示す指標だから、考え方としてはまことにもっともなのだが、株価がもっぱらROEに連動するようになり、経営陣がこの指標にとらわれすぎると、「短期間に株価を上げなければ評価されない」という強迫観念を抱くようになる。とりわけ、多くの経営陣は報酬としてストックオプションの権利を付与されていたから、自分が在任する数年のうちにROEを上げ、株価を上げようとする。

私の経験からすれば、研究開発にまともに取り組んで、売り上げと利益を上げることによってROEを上げるのには、最低でも七年から十年はかかるものだが、平均の在任期間が五年ほどのCEO（最高経営責任者）たちは、もっぱら資産を圧縮するなどして財務諸表を化粧なおしすることで短期的にROEを上げ、株価に結びつけようとする傾向がある。

この点で、短期的に株価を上げたいと考えるファンドのマネージャーと利害が一致する。

このような風潮に拍車をかけたのが、アメリカにおける成功の尺度であった。アメリカでは、成功はすべてお金に換算される。医者でも弁護士でも、優秀な人イコール稼ぐ人、なのだ。

単純といえば単純、わが国のような文化と伝統を誇る立場からすると、少し首をかしげたくなるところもあるが、この価値観があるために、「賢い人は金融で〈効率的に〉儲ける。苦労するのは馬鹿のすること」という発想になる。

企業経営者も労働者も土日は稼げないけれど、金利は土日も稼いでくれる。製品を生み出して価値をつくりだそうとすれば、汗水を流さなければいけないが、ファンドは監督するだけだ。自分たちはきれいで豊かで静かな場所にいて、労働は現場にやらせておけばいい。それこそ「クオリティ・オブ・ライフ」だ、などと平気で嘯《うそぶ》くことになったのである。

金融工学は「実験室の中」に帰れ

だが、そのようにして金融ばかりを大きくすればするほど、実業の部分はどんどん疎《おろそ》かにされ、力を失っていく。金融に都合のいい仕組みを振りまわせば振りまわすほど、価値の源泉を踏みにじり、壊してしまう。そこで、「金融工学」なるものを駆使して、お金がお金を生む方法ばかりを加速させるしかなくなってしまったのである。

この金融工学が、また曲者《くせもの》である。なぜなら、まず経済学そのものが、「完全競争」「参入障壁はない」などといった、いくつものありえない話を前提に理論を構築しているものだからである。前提が狂ってしまったら、すべてが文字どおり台無しだ。「サブプライムローン」があれほどの破綻《はたん》に見舞われたのも、その前提が間違っていたから」というのは、まさに象徴的だろう。

そのような架空の前提に立って、さらに数式で表現できない部分を捨て去ることで組み立てられているものこそ「金融工学」なのである。

端的にいおう。「幸せ」を数式で表すことができるだろうか。人間の感情を数式で表すことができるだろうか。新しい技術の芽はどこにあるかを数式が教えてくれるだろうか。たとえば、社員の家族の健康まできちんと見てくれるような経営であれば、みんな喜ぶだろうが、社員の家族の健康と株価とをどう評価できるだろう。

そのような本質的なことについて何もできないのに、「数式で表せないことは非科学的」などといって除外し、自分たちの小さな頭の中で組み立てた貧弱な前提条件だけをもとに経済学という「擬似《ぎじ》サイエンス」に仕立て上げているだけにすぎないものこそ、金融工学にほかならない。だから、「複雑な社会」が、経済学者たちの小さな頭の想定を超えて少し揺らいだだけで、あっという間に理論が吹っ飛んでしまうのである。

もちろん金融工学を全否定するのではない。たとえば、いかにリスクをヘッジし分散投資をしていくか、という精密な計算は、実物経済の価格の乱高下を平準化させることについて有効な部分があることは間違いない。だが、それがあまりに大規模化すると、まさに今般の資源市場に見られるように、それ自体が価格を乱高下させる要因となってしまう。

金融工学は、ある意味では遺伝子工学における遺伝子組み換え技術と同じようなものと考えられる。遺伝子組み換え技術を駆使して、実験室で新しいものをつくっていくことはできるけれども、それを人間に試すことはそうあるものではない。その人に、あるいはその子や孫にどのような副作用が出るかわからないから、アメリカのＦＤＡ（食品医薬品局）も日本の厚生労働省も慎重である。遺伝子治療も、死ぬか死なないかという重大な局面ではじめて実験されるもので、たかだか痩《や》せたいとか、背を伸ばしたいなどの馬鹿げた理由ではやらないものである。

金融工学を駆使してファンドがマーケットで動きまわるのは、遺伝子治療を無制限に人体実験するのと同じくらい危険だということを、しっかりとわきまえておくべきだ。各国政府が遺伝子治療などについてバイオハザードのガイドラインを設けているが、同じように金融工学についても危険管理のガイドラインをつくり、害が予想されるところにはいっさい利用させないようにすべきだ。金融工学をあくまで「実験室の中のもの」としてとらえ、現実社会に使うまでに、限定された環境で何度も試すべきだろう。

金融は産業の主役ではなく、産業に力を与える脇役であり縁の下の力持ちなのだという、本来の己の分限をわきまえていなければ、同じ論理で自己肥大と自己崩壊をくりかえすしかない。金融工学という道具でみずからをつぶすという歴史はくりかえされるのである。

現にいま、「サブプライムのあとは、排出権取引だ」などという懲《こ》りない声も随所から聞こえる。日本がそのような声の尻馬に乗って、「貯蓄より投資だ」などと走り出せば、日本の一五〇〇兆円という巨額の資産は、海外に出て行ってゼロサムゲーム（だれかが勝てば、だれかが必ず負ける）の波に乗っかり、散々遊ばれた挙げ句、すべてを失うことにもなりかねない。金融工学を使って儲けようなどという考えは、厳に慎むべきなのである。

Ⅱ ファンドを規制する具体的な方法

ファンドの理屈で研究開発はできない

私はスタンフォード・ビジネススクールに在学中の一九七九年にベンチャーキャピタルの存在を知り、一九八五年にデフタ・パートナーズを創設。その後一貫して、アメリカを拠点にベンチャーキャピタリストとしての道を歩み、現在は事業持株会社の経営をしている。その間、アメリカ企業のガバナンスもみずから手がけ、資本主義の功罪にもふれてきた。ファンドの虚実も垣間見てきた。

このような経験を踏まえて、私が日本に来て驚かされたのが、村上ファンドのようなアクティビストファンド（ものいう株主）の動きについて、インサイダーをやったのは悪いが、その原理自体は正しいと思っている人が意外に多いことであった。これだけの金融危機のあとでも、いまだにファンドのやってきたことについて、原理的には間違っていないのだと主張する人びとがいる。

だが、ひと言でいって、これは原理原則からして間違っているのだ。

先ほども述べたように、最近のファンド的な理屈では、企業価値は時価総額であり、時価総額を決めるのはＲＯＥだとされる。ＲＯＥは、「一株利益÷一株あたり純資産」で計算されるから、これを簡単に向上させるには資産を小さくすればいい。

このロジックでいけば、内部留保を貯めるよりも、それを配当金として分配したほうがいいことになるのである。

しかし、リスクの高い研究開発を定期的に行なわなければならない研究開発型製造業の場合を考えたらどうであろう。資金の調達方法は、①金融機関からの借り入れ、②現行株主に対する株主割当増資、③内部留保の利用、の三つしかない。

だが、リスクを嫌う金融機関からの借入資金で、ハイリスクの研究開発を行なうことは邪道である。借入金が返せなくなれば、会社がつぶれるような状態になるかもしれないからだ。株主割当増資で資金を調達するにも、現在の株主の多くは短期のリターンを望む人たちであるから、中長期の開発のために資金を出してもらうのは説得に時間がかかる。となれば、もう内部留保しかないのである。

内部留保は短期間で貯められるものではない。何十年も貯めていく過程では、将来その資金を何に使うのかが具体的にわかっているわけでもない。研究開発の機が熟したときに、あるいは災害が起きて復旧せねばならぬときなどに使うものであって、それまでは貯めるだけの「ダム」のようなものだ。それなのに、「ただ貯めているだけではダメだ、ROEを上げるために配当金として分配せよ」と責めるのは、論理的におかしいのだ。

アクティビストの弊害を止める方法

もし、日本が「ものづくり国家」としてやっていくという方針をほんとうに固めているのなら、ものづくりをきちんと伸ばせるような政策提言を世界に対して行なっていかなければならない。

われわれの主張を通すためには、いまの基幹産業たるコンピュータを中心としたIT産業の時代から、次のポストコンピュータ時代に移行する端境期《はざかいき》をねらうしかない。「新しいテクノロジーが新しい基幹産業をつくるときには、金融機関およびファンドはその脇役であるべきである」というように、大きな歴史の流れと将来の方向性から世界に提言していくのである。これをすれば、日本は世界から尊敬される国となるだろう。

実体経済に金融工学の手法を入れていくと、今回の金融危機でも思い知らされたように、はじめは儲かるように見えても、やがて必ず破綻する。だが、そうなれば、政府は救済資金を大規模に投じざるをえない。そうしないと実体経済にまで被害が及んで世界経済が破壊されることになるからだ。

しかし、この仕組みでは、ウォールストリートで金融工学を駆使している人間たちの思うツボである。結局、損をするのは末端投資家であり、一般の人びとだけだ。

多くのファンドは、マネーゲームに明け暮れ、ゼロサムゲームのなかで、一方から他方へ資金を収奪することしかしなかった。中長期で価値を築いていくようなタイプの投資には何らの貢献もしなかった。いわば人類が過去につくった資産の食いつぶしをやっていただけでしかなかった。

著名なヘッジファンドが何十兆円も儲けた挙げ句に慈善活動をやるのを褒《ほ》め称《たた》えるようなメディアはアメリカにもたくさんあるが、ちゃんちゃらおかしい。こんなものを日本は真似るべきではないのだ。

では、日本は何をすべきか。具体策をいくつか提案しよう。

まず、アクティビストの弊害をいかに止めるか、である。

にわか株主であるアクティビストが内部留保をねらう場合、一株あたり二〇〇パーセント、五〇〇パーセントの増配をして、配当金のかたちで取ってしまうことが圧倒的に多い。しかし考えてみれば、それだけ内部留保が貯まったのは、過去何十年にもわたって株主が、内部留保を貯めていくことが将来の会社の発展につながるという合意をしていたからである。

そういう同意のもとに貯められた内部留保であるならば、二〇〇パーセント以上の配当金を要求する場合には、過去何十年間の株主全部にさかのぼって配当金を配分するという規定をつくればいい。これをやると、配当金を取ることを目的とするスティール・パートナーズや村上ファンド的なアクティビストたちは、取りぶんが減るから二の足を踏むはずだ。

さらに、株主権を行使できるのは、五年以上株式を保有している者だけとして、それ以外の短期のデイトレーダーなどは経済的便益の配当金およびキャピタルゲインを得るだけの機会しか与えないという明確な規定をつくってはどうか。中長期的な視野に立った経営こそが王道であるから、中長期の企業の方向性を支える株主だけを株主と定義するのである。

中長期の資本市場をつくれ

また、五年以上株式を保有する株主だけが取引できる市場をつくっていくべきであろう。

ニューヨークやロンドンなど欧米における資本市場は現在、すべて短期資金の利益を最適化させるためにつくられたマーケットである。だが、全体の資金量を見ると、標準正規分布を見ても二〇パーセントぐらいの資金は、中長期でリターンを得たいと思っている資金だ。中長期を視野に入れてマーケットのメカニズムで取引できる市場は、いま現在、世界にない。であるならば、率先してそういう市場をつくり、中長期の資金を扱えるようにするのである。

研究開発資金が一兆円以上あるアメリカの会社も、かつては研究資金の三分の一を五年以内に商品化できそうなものに充《あ》て、もう三分の一は五年から十年で商品化できそうなものに、残りの三分の一は十年以上の長期スパンのもの、と分けていた。しかし最近は、十年以上の研究開発資金を使うと、投資銀行などのアナリストに、「これは来月または来期の株価にどう影響しますか」などと質問され、きちんと答えられないものだから、三年から五年以内に商品化ができて、株価に反映しそうなテーマを選ばざるをえなかった。

だから、もし中長期の経営を見据えた株式市場ができるなら、そういう市場に全部上場を鞍替えする会社も続々と出てくるだろう。

アメリカやイギリスの二番煎《せん》じの証券取引所をつくるからダメなのだ。世界の市場がどこもサービスを提供していないような資本市場をつくりだす。しかもこれは、世界の金融資本および産業資本が金融に対する役割として願っていながらも、グローバリゼーションの波によって欧米から消えてしまったものである。

このような市場をつくることは、日本が世界のなかで大きな役割を果たすための、具体的で、なおかつ現実的な方法となるだろう。

Ⅲ あの「幻のような好景気」の理由

なぜ原油があれほどまで高騰したか

金融資本主義的なあり方の弊害を縷々《るる》述べてきたが、問題はこればかりではない。

二〇〇八年七月、ニューヨーク・マーカンタイル取引所の原油先物相場は史上最高値の一バレル＝一四七・二七ドルを記録した。はじめて一バレル＝五〇ドルを突破したのが二〇〇四年九月のこと。それから四年弱で三倍という、急激な高騰ぶりであった。

しかしその後、原油価格は急落する。二〇〇八年十二月には、およそ四年半ぶりに四〇ドル割れとなる一バレル＝三九・八八ドルにまで下げたのであった。

なぜ原油がここまで乱高下したのか。さまざまな報道でもいいつくされているように、これも明らかに投機資金の影響である。もちろん、中国やインドをはじめ好調な世界経済を背景とした需要の増加はあったが、しかしそれだけではこれほどの急激な高騰は説明できない。

本来の価格メカニズムからいえば、原油価格が上がれば、それまで採算が合わなかったオイルサンド（油分を含んだ砂岩）やオイルシェール（油分含有の頁岩《けつがん》）の開発も価格競争力をもつようになるし、風力発電や太陽電池など、ありとあらゆる代替エネルギーも採算が取れるようになる。また、原油価格が上がれば上がるほど、みんなガソリンを食う大型車には乗らなくなり、省エネカーの人気が高まる。そうすれば石油は競争力を失うことになるので、いずれ原油価格は下がることになり、総じて見れば、ある程度のところでバランスがとれるかたちとなるはずなのである。

以前であればOPEC（石油輸出国機構）が生産量を下げると価格が上がり、生産量を上げると価格が下がるというメカニズムもあった。だがいままでは、生産者の意向よりも投機資金の意向が価格に大きな影響を与えている。つまり、実需に基づく価格決定メカニズムだけでいえば、どう転んでもここまでの高騰にいたるはずがないのである。明らかに現在の原油価格水準は、カネ余り現象が石油を投機の対象にしたところから始まっている。

かつて投機資金は、おもに金融市場に投機対象を求めていた。しかしその状況が怪しくなってきたので、原油にかぎらず、金、希少金属《レアメタル》、農産物などすべてのコモディティ（日用品）

が対象とされるようになった。

商品のマーケットは、通貨のマーケットよりも小さい。投機資金が通貨市場を荒らしまわっているときよりも、コモディティの商品市場を荒らしまわっているときのほうが、はるかに価格の乱高下現象をつくる。

そもそもヘッジファンドとは、季節変動や需給バランスによる価格の乱高下を避けるために、先物買いをすることによって価格を均一化しようという目的でできたものであった。これは、たとえば一〇〇万バレルのうちの一〇万バレルに相当する部分を先物で買うというような規模で行なわれている場合には有効な仕組みであった。

しかし、先物買いの部分がどんどん増えていけば、価格は均一化されるどころか、ヘッジファンドの売買によって価格が乱高下することになるのである。

基幹産業の端境期に起きる「過剰流動性」

ではなぜ、ヘッジファンドがこれほどの規模にまで拡大したのか。それを知るためには、基幹産業の変遷というファクターを考える必要がある。

基幹産業の変遷

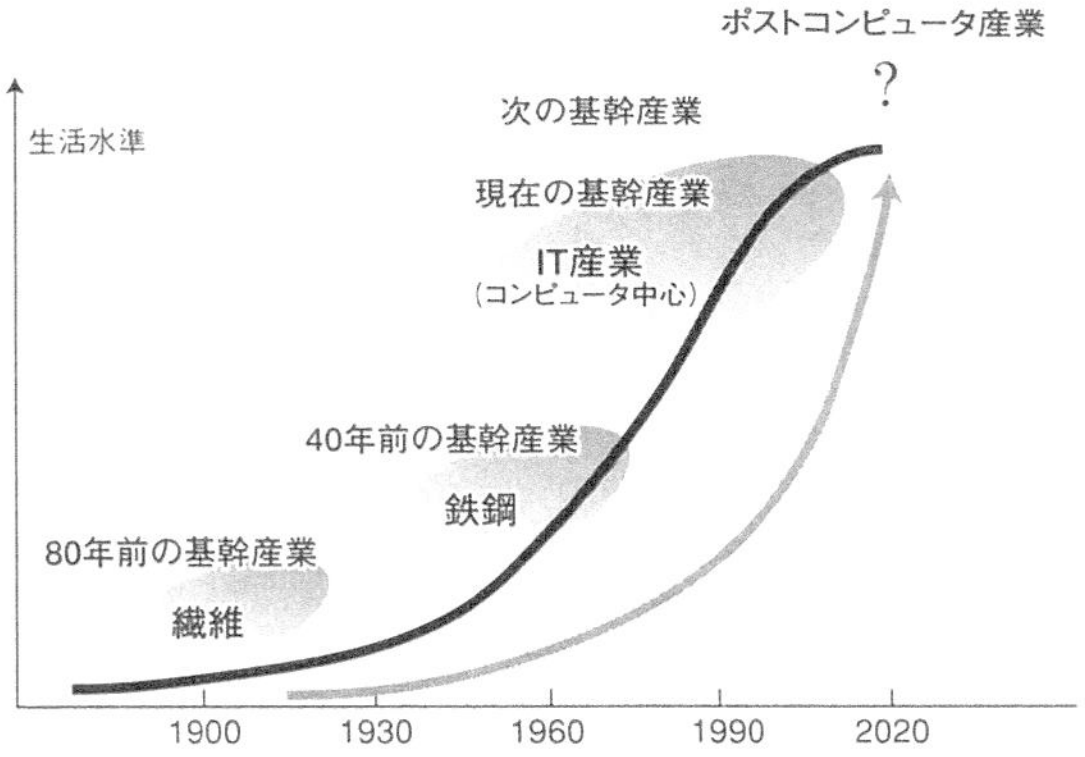

©原 丈人

かつて基幹産業といえば繊維であった。その後、鉄鋼が基幹産業となり、そしてコンピュータが基幹産業となる。その時々の基幹産業にお金がまわり、その基幹産業が雇用を増進し、人びとの生活を豊かにしていく。それが、本来の経済のあり方である。

だが、基幹産業というのは、勃興期から成熟期まで、およそ四十年のサイクルで大きく動いていく。そして、ある基幹産業から新しい基幹産業へ移行する端境期には、金融的に過剰流動性が発生しやすい傾向が生じる。なぜなら、成熟期に入ってくると産業の伸びが悪くなり、景気も悪くなってくるので、どうしても当局は金融財政政策を打ち、金融を緩和していくからである。

するとお金がだぶついてくる。しかし基幹産業はすでに成熟していて、さらなる投資をさほど必要としていない。何が新たな基幹産業となるかも見えていない場合、そのだぶついた資金をどこに流せばいいかが問題になる。

今回の金融危機を引き起こした一つの背景にも、コンピュータＩＴ産業という基幹産業の成熟によって資金がだぶついていたことがあった。

ただし、コンピュータＩＴ産業から次の基幹産業に移行する端境期と、かつての繊維から鉄鋼、または鉄鋼からコンピュータＩＴへの端境期とのいちばん大きな違いは、ファンドの存在である。以前ならば、ファンドは存在しなかった。あるいは、ごく特定の人たちの道具にすぎなかった。だがいまや一般大衆が、このファンドの末端のメンバーに連なっている。

かつては技術的にこれほど広範かつ即時性を必要とするシステムを構築することは困難であった。皮肉なことに、コンピュータＩＴ技術の進展がこれを可能にしたのである。

さらに、「証券化」が非常に進んだ。たとえば大きな問題を引き起こしたサブプライムローンの多くは、売掛債権を流動化するためにＲＭＢＳ（住宅ローン担保証券）に証券化されたものであり、しかも、証券化されたものが、さらにＣＤＯ（債務担保証券）として再証券化されていった。

この再証券化が問題を拡大したことは、すでに多くの論者が指摘したとおりである。「再証券化」、あるいは「再々証券化」がなされれば、流動性が何倍にもなる。これこそ「超過剰流動性」である。もはや市場における現金量を量るだけでは表現できない流動性である。

ファンドは「奴隷商人」と同じ

金融工学理論を駆使してつくられた金融派生商品の世界では、一億の価値を一〇〇回も一〇〇〇回も使おうとする。それを合法的に、しかも短期間に行なうのが優れたファンドマネージャーだと評価されたのだ。

これは短期的には儲かるかもしれないが、しかしよく考えてみれば、一億の実体しかないものを一〇〇〇倍使うのはバブルにすぎない。景気や土地の価格などのベクトルが上向いているときはいいが、ちょっとでも下向くと、一〇〇〇回ぶん破裂することにもなりかねないのだ。それはわかりきったことだった。こういう危険要因を抱える商品を開発すること自体、許されることだったのか。

ジョージ・ソロスのような通貨のヘッジファンドや、サブプライムローンのような商品をつくったファンドは、いまは合法だが、百年後、二百年後の人類の叡智《えいち》から見れば、現在の人類が二百年前の奴隷商人を見るのと同じような存在になるだろう。いま、いくら儲かろうとも、奴隷の売買をよいと思う人はいない。しかし二百年前には、〝原価〟の安い黒人を高い値段で農園に売り、メンテナンスフィーも取るのが、その当時のアメリカの新しいビジネスモデルだったのだ。

余談だが、いま経済指標として使われているGDP（国内総生産）をはじめとする経済統計の数々は、このようなファンドの活動や「超過剰流動性」が世に広まる前の定義で市場を測っている。そのために、もはや実態を表せぬものとなっている。要するに、過剰流動性によってGDPは高いように見えているが、しかし実際は景気が悪いという、統計が乖離《かいり》する状況が起きるのである。

たとえばアメリカの中産階級の所得水準は、一九九四年から二〇〇四年までのあいだに、日本円に換算して五〇〇万円から四五〇万円に減った。この十年で物価も上昇しているから、実質的にさらに所得は減っている計算になるが、GDPはこの十年でぐんと高くなっている。景気はよくなっているが、生活実感はまったくともなわないというおかしな状況である。多くの一般人からすれば、「幻のような好景気」だったのである。

本物の好景気にするためには、新しい基幹産業を育成する方向に資金をまわし、その基幹産業が雇用を増進し、人びとの生活を豊かにしていくという仕組みをつくるしかない。バブル的な投資ではなく、実業にお金が入っていくようなメカニズムをつくらなければならないのである。

このためには金融制度、財政制度、税制などさまざまな社会経済システムを変えていかなければならない。まさに、「ポスト金融資本主義」の新秩序をいかに構築していくか、である。

日本が未来をつくっていこう

金融危機の発生でヘッジファンドは大きな打撃を受けたと報じられている。だが、規制をせずに放置すれば、投資先を失った「だぶついた資金」がまた商品のマーケットに流れ込んでくる可能性は大きい。そうなれば、金融危機を受けて経済状況が悪くなっているなか、商品の価格だけが高騰していくことにもなりかねない。不景気におけるインフレ、すなわちスタグフレーションが世界全体で起きてくる可能性が色濃くなる。人びとの生活への打撃は深刻なものとなるだろう。

さらにいえば、資源が高騰すれば、たとえば飢餓《きが》の問題にも影響してくる。国連など国際機関は、アフリカの飢餓で苦しむ国にトウモロコシや小麦や米など先進国でつくられた農産物を援助物資として配給している。だが、石油が高騰すると、代替エネルギーの需要が高まり、トウモロコシなどはバイオエタノールの原料としてもてはやされることになる。飢餓対策に使われていたアメリカのトウモロコシがバイオエタノール用に使われるようになれば、飢餓の問題は深刻化せざるをえないのである。

ヘッジファンドによって、これまで均衡を保ってきた世界システムが、あちらこちらで崩されていたのが、まさに金融危機直前までの状況であった。崩れたのち、また均衡化することは確かではあるが、それまでのあいだの不安定期は、一般の人びとの生活に計り知れない打撃を与える。

儲けたのはヘッジファンドの投資家だけ。それもゼロサムゲームだから、儲けた人のぶんだけ損した人がいる。なおかつ実体経済においては、いま述べたように石油や食糧など、あらゆる天然資源のバランスが崩される。これは世界にとってたいへんなマイナスである。

金融資本主義的なあり方は、もはや根本的に見直されなければならない。先ほど述べた「ポスト金融資本主義」の新秩序を構築し、「ポストコンピュータ」の基幹産業を打ち立てていかなければならない。これは日本こそが、世界に先駆けて取り組むべき課題であろう。まさに日本が未来をつくっていくべきときなのである。

では、いかにすればよいのか。それをこれから具体的に述べていこう。

第二章

「大減税」で繁栄する日本

——次なる基幹産業の覇者となる方策

I 「金の卵を産むガチョウ」を生み出せ

世界でいちばん税率が低い国へ

日本は、なんと「希望」への可能性に満ちた国だろうか。

これから来《きた》るべき未来を考えるとき、私は心の底からそう思う。なぜか。端的にいえば、次なる基幹産業の覇者となる素質をもっとも兼ね備えているのが日本だからである。

次なる基幹産業の覇者の座に就くことができたなら、日本は、そこに住む日本人にとって、たいへんにすばらしい国になることは間違いない。さらに、世界のなかで、先進国にとっても途上国にとっても、日本は絶対に必要な国となっていくであろう。

日本には、そのような「希望」がある、ということである。

日本人にとってすばらしい国になるというのは、どういうことだろう。

たとえば、世界の先進諸国のなかでいちばん税金の安い国になることも、けっして夢ではなくなる。

日本が次なる基幹産業で中心的役割を担《にな》い、世界の経済を牽引《けんいん》するような産業をつくりだす企業群が日本で生まれるようになれば、それらの企業群からの法人税がどんどん入ることになる。法人税がどんどん増えていけば、税率を減らしても税収の総額が増えるような流れをつくることができるだろう。

私はかねてより、二〇二〇年ごろまでに、法人税、住民税、消費税、個人所得税、贈与税、相続税などすべてにわたって、税率を先進国中もっとも低くすることを国の政策として掲げるべきだと呼びかけてきた。

いまの国の借金の状況を考えると、なんと大風呂敷な話かと思われるかもしれない。だがそれは、いまの常識にとらわれて考えているからだ。

いま、政治の世界では「上げ潮派」と「財政規律派」との争いなどと、おもしろおかしく書き立てられている。だが、残念ながら現状で見るかぎり、どちらも説得力を欠くと思わざるをえない。

江戸時代に藩政改革を成し遂げた名君、名家老たちは、歳出の無駄を切りつめるとともに、いかに新しい産業を興すかに心を砕いたと聞く。それは昔もいまも変わらぬ真理で、結局のところ、財政を再建するためには「入るを量り、出るを制する」しかない。歳出削減ばかりに手をつけるのではなく、歳入をいかに増やすかということを考えなければならないわけだが、じつは「財政規律派」も「上げ潮派」も、その「歳入をいかに増やすか」というところがあまりに弱すぎるのである。

歳入をいかに増やすかということについて、「財政規律派」は「増税」ということしか考えていないように見える。安易に増税を唱えているわけではないだろうが、しかし、現状の経済状況を前提に議論を組み立てているだけのようで、残念ながら将来へ向けての戦略なりビジョンというものが見えてこない。

「上げ潮派」は経済が活性化すれば歳入も増えるというが、肝心の「経済を活性化させる方法と仕組み」が具体的に書かれていない。経済成長率を三〜四パーセントにすればいいといわれても、そのための方法が書かれなければ、どうにもニセモノくさく見えてしまう。

歳入を増やすためには、とにもかくにも「金の卵を産むガチョウ」をきちんと生み出しておかなければならない。

そして、その「金の卵を産むガチョウ」は、その時代の基幹産業を制することによってこそ、手に入れることができる。

第一章でも述べたように、そもそも経済というのは、その時々の基幹産業が新たな価値を創造して富を生み、雇用を促進し、人びとの生活を豊かにしていくことによってまわっていくものである。それぞれの時代の基幹産業が、それぞれの時代の経済成長のエンジンとなり、経済を力強く押し上げ、「金の卵を産むガチョウ」となったのである。

近年、「金の卵を産むガチョウ」の恩恵を受けたもっともよい例は、クリントン政権であろう。クリントン政権の八年間で、アメリカの名目GDPは六兆六〇〇〇億ドルから九兆八〇〇〇億ドルへと、およそ一・五倍になった。年平均の名目GDP成長率は五・七パーセントである。

その結果、財政収支も大幅に改善した。一九九二年には二九〇〇億ドルほどあった財政赤字が、二〇〇〇年には逆に二三〇〇億ドルあまりの財政黒字に転じたのである。

この成果をもたらした大きな要因は、もちろんIT革命である。IT産業が新たな基幹産業となり、アメリカがその覇者となったがゆえにこそ、アメリカ経済はこのような規模での拡大を実現し、大きな恩恵を手にしたのである。

産業革命をもたらしたコア技術

では、基幹産業というものは、何によって生むことができるのだろうか。その原動力となるものこそ、「コア技術」である。

たとえば、十八世紀から十九世紀の産業革命のときのコア技術は、「エンジン」の発明だった。まず、蒸気機関ができあがり、そしてガソリンエンジンやディーゼルエンジンのような内燃機関が完成していく。

ただし、コア技術とは、できた当初にはそれをどのように応用すればいいのかがわかりづらいものである。エンジンにしても、草創期には非常に未完成で粗削りな技術ということもあって、その可能性を軽視する人も数多かった。騒音がけたたましいわりに、まだ効率も悪い。当時の知識人からも、使い道はそう多くなく、馬のほうがよほどましだと思われていたのである。

しかし、ジェームズ・ワットが蒸気機関を大幅に改良し、リチャード・トレビシックやジョージ・スチーブンソンらが蒸気機関車を実用化させていくと、風向きが変わっていく。エ

コア技術と産業の発展

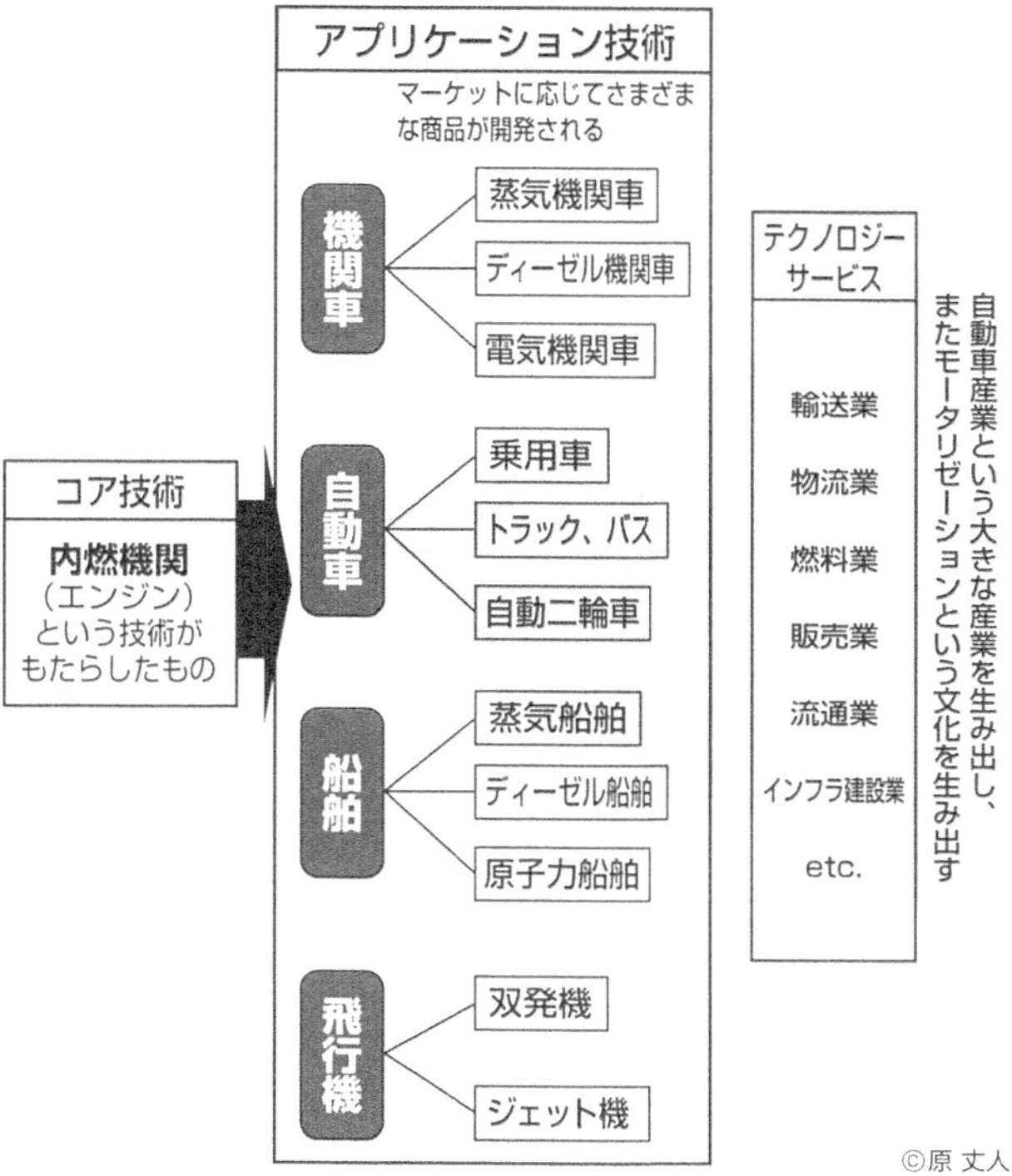

©原 丈人

ンジンの使い道が具体的にわかっただけで、応用範囲はたちまちにして広がっていった。

蒸気機関車はやがてディーゼル機関車となり、電気機関車へと変わっていく。自動車が発明され、トラックやバス、自動二輪車もつくられるようになる。船も帆船はあっという間に主役の座から降りて、蒸気機関やディーゼル機関で動くようになる。ついには空を飛ぶ飛行機まで発明された。

エンジンというコア技術が、アプリケーション技術（応用技術）として発達していき、それによって、鉄道産業、自動車産業、航空産業などの製造業が発展していく。そして、このような産業がまさに国の発展を牽引する産業となっていくのである。

その次には、そのようなアプリケーション技術を駆使したサービス業が立ち上がっていく。自動車だけで見ても、トラックなどを用いた輸送業や物流業が発展し、バスやタクシーなどの旅客業も栄え、レンタカーやカーリースなどの事業も進んでいく。まさに自動車産業という大きな産業が生み出され、モータリゼーションという新しい文化をも生み出したのである。

だが、大きな流れとして見た場合、そのようなサービス業が広まった段階で、内燃機関というコア技術から生まれた自動車産業は、成熟化してワンクールが終わったといえる状況になる。基幹産業の時代というものは、始まるときは徐々に起きてきて、ある一点を超えると急速に伸び、やがて成熟産業になっていき、そして時間をかけて衰退していくというライフサイクルをたどるのである。

もちろん自動車産業そのものが消えることはない。だが、それはもはや「あって当たり前」のものとなる。社会を引っ張る最大の牽引力という座からは降りることになるのである。

コンピュータ大発展の背景

ＩＴ産業の場合、コア技術にあたるもののなかに、「ＴＣＰ／ＩＰ」（Transmission Control Protocol/Internet Protocol）の技術がある。

ＴＣＰ／ＩＰとは、インターネットで標準的に使われる通信手順のことである。コンピュータが通信を行なうためには、当然のこととして、どのように行なうかという取り決めが必要であり、ＴＣＰ／ＩＰもその一種である。

インターネットの原型となったのは、アメリカ国防総省がつくった「ＡＲＰＡＮＥＴ」（アーパネット）だということはよく知られた話であろう。

それまでのコンピュータ・ネットワークは、中央集権型のネットワークだった。だがそれでは、通信網の中央が破壊されてしまったら、そこにつながったすべての端末が通信網から切り離されてしまう。そこで、情報をパケット（小包）化して、分散型で通信できる仕組みが考えられ、ARPA（国防総省高等研究計画局）がその仕組みを活用したコンピュータ・ネットワークをつくりあげたのだった。そのような分散型ネットワークを成立させるための通信手段として、TCP／IPが生み出されてきたのである。

ただしそのころは、ARPANETというネットワークが一般のパソコンにつながることなど、だれも考えていなかった。ごく限られた専門家だけが使う、ごくごく用途の少ないものでしかなかった。

当時のコンピュータは、クローズド・アーキテクチャー（閉じた設計思想）だった。いまではウィンドウズがあたかも標準のコンピュータのOS（オペレーティングシステム）のようになっているが、当時は各社のコンピュータごとにそれぞれ異なったOSがあり、コンピュータどうしを接続させる際は、それぞれのOSどうしの通信しかサポートしていなかったのである。

私がスタンフォード大学に入学した一九七九年、ハーバード大学やスタンフォード大学や国立国会図書館をつないでいるネットワークはDEC（Digital Equipment Corporation）社製のミニコンピュータだった。DECのコンピュータの接続は、DEC仕様のものしかサポートしておらず（DECネットと呼ばれる）、TCP／IPはサポートしていないはずだった。

だが、この大学のネットワークが、ARPANETに接続していたのだ。ということは、だれかがDECのミニコンピュータのOSの上で、TCP／IPが動くようにしていたのである。

私は、だれがそんなことをやっているのかを調べていって、ウォロンゴングという会社を見つけた。のちに、私はベンチャーキャピタリストとして投資し、経営陣に加わり、その会社を育てていくこととなったのである。

やがてウォロンゴング社は、各社のスーパーコンピュータやメインフレーム、ミニコンピュータやワークステーションにTCP／IPを商用実装していくことにおいて、マーケットシェアのほとんどを握ることになった。

TCP／IPと聞いたところで、一般のユーザーにはそれがどのようなもので、どのように使われるものなのか、イメージが湧きづらいだろう。とにかく、このTCP／IPのようなコア技術の上に、ソフトウェア会社がOSをつくり、それからそのOSの上で動かせるアプリケーションソフトとして、ワードプロセッサや表計算やデータベースがつくられていった。イメージとしていえば、内燃機関の発明が自動車や飛行機を生んだのと同じ構図がそこにある。

その後、WWW（ワールド・ワイド・ウェブ）の構想ができあがり、それを閲覧《えつらん》するプログラムとして「モザイク」というソフトが開発され、一九九五年にマイクロソフトがそのモザイクのライセンスを受けて「インターネットエクスプローラー」を開発し、ウィンドウズ95にそれを装備することによって、一般のパーソナルコンピュータも、一気にインターネットにつながるようになった。

そうして、インターネットの利用者が爆発的に広がると同時に、パーソナルコンピュータはあっという間に普及し、それを見込んで、インターネットを活用した電子商取引がどんどんつくりあげられていった。

たとえば、アマゾンドットコムや、ネットオークションのイーベイ、広告業のグーグルなどはその典型例である。内燃機関の発明が自動車を生み、自動車の普及が運送業や旅客業、カーリースなどを発展させていったように、TCP／IPのようなコア技術がさまざまなIT技術を生み、それがインターネットを普及拡大させ、それを活用したテクノロジーサービス業が大いに発展したのである。

これが、ＩＴ産業が基幹産業になっていった大きな流れである。コア技術が応用され、製造業を生み、さらにサービス業まで広がっていくことによって、世界に一大産業が築き上げられたのである。

「ＩＴで上げ潮を」は筋が悪い

日本ではＩＴ企業の雄として、たとえばソフトバンクや楽天、あるいはかつてのライブドアなどといった会社がもてはやされた。たしかに、そのような企業も、大きなくくりでいえば「ＩＴ企業」といえるのかもしれない。だが厳密にいえば、それらはあくまでテクノロジーを活用したサービス業の会社であり、「ＩＴ＝インフォメーション・テクノロジー（情報通信技術）を創造する会社」だとは、けっしていえない。

ＩＴ産業を見た場合、新しいコンピュータ時代のコア技術をつくりだす作業は、ほとんどアメリカが手がけ、それを使ったサービス業のビジネスモデルも、ほとんどが本家本元のアメリカで生まれた。その二番煎じのビジネスないし派生ビジネスが、日本やヨーロッパ、アジアで広がっていったと考えるとわかりやすいだろう。

たしかに手っ取り早く儲けようと思うのなら、コア技術の成果物を活用して行なうサービス業のほうが簡単であろう。だが、テクノロジーがサービス業に広がっていくのは、先ほども述べたとおり、その産業のまさに成熟期においてである。成熟期だけに、その先の展開の可能性は限られているといってもよい。

産業発展のもっとも大きな成果を得られるのは、やはりコア技術を開発し、基幹産業の覇権を握りえた者なのである。クリントン政権時代に、アメリカの名目GDPが一・五倍にまで拡大した大きな理由も、まさにアメリカがその立場にいたからであった。

基幹産業がいま、勃興期にあるのか、成長期にあるのか、成熟期にあるのかを見極めるためには、そのときに世の中を騒がせている企業群がどのような位置にいるかを見ればよい。

IT産業についていえば、マイクロソフトやボーランド、オラクルなどが脚光を浴びた一九九〇年代というのは、まさにアプリケーション・テクノロジーの時代であり、成長期であった。だが、いま世間で注目されているのは、アマゾンやイーベイ、グーグルなどのテクノロジーサービスの分野である。これは、もはやコンピュータ産業自体が衰退期に差しかかっていることの何よりの証左である。

そのことを象徴するものこそ、「Ｗｅｂ２・０」という言葉の流行だろう。「Ｗｅｂ２・０」とは、「Ｗｅｂでの第二世代のサービス」というほどの意味で、それによって「ネットのユーザーがたんなるサービスの享受者としてではなく、みずから表現者として参加できるようになる」などといわれるが、そこには新しい技術のことは何も書かれていない。つまり、いまのＩＴ技術をどのように使うべきかという「使い方の議論」にすぎないのである。

そのような議論を見て興奮するのは馬鹿馬鹿しいことであり、正しくは「これでコンピュータＩＴの時代の終わりが始まったのだ」と読むべきなのである。

もちろん、基幹産業を担った企業が消えてなくなるわけではない。かつて基幹産業であった紡績業の主たるメーカーのなかで、いまなお活躍を続けている企業は数多くある。

だが、そのような企業がふたたび世界に産業を興すような基幹産業の牽引車となることはないだろう。

コンピュータ産業の企業も、同じ道を歩むはずである。とりわけ二番煎じの企業から斜陽《しゃよう》の道を下っていくことになるはずだ。

いずれにせよ、もはや終わりが始まりつつあるコンピュータＩＴ産業に資金を投下していくことが、日本の経済成長の「上げ潮」を呼び込むことはないであろうことだけは、ここで明確にいっておきたい。経済を活性化させるためにいまさらIT産業、とりわけテクノロジーサービスの部分を重視しようというのは、どう考えても筋の悪い話である。

いつまでもコンピュータ産業の成功譚を後ろから追いつづけることは愚《ぐ》の骨頂《こっちょう》である。いま必要なことは、発想を切り替えて、ポストコンピュータの基幹産業をいち早く立ち上げること、それしかないのである。

余談ながらつけくわえると、日本では経済活性化のために外国からの投資を呼び込めなどということがいわれるが、これを無制限に主張するのも、まったくの間違いである。なぜなら、これは新しい基幹産業のコア技術を育成するどころか、たんに日本の資産を海外に買わせているだけにすぎず、何の活性化にもならないからである。

「会社は株主のものだ」などと嘯くアクティビストが日本企業の株式を買った場合、日本人だけが株主だった時代に何十年にもわたって貯めた内部留保を吐き出させられて、ただ盗まれるだけになりかねない。

たとえばＴＣＩというイギリスの会社が、Ｊパワー（電源開発株式会社）の大株主になって、「自己資本比率が高すぎるのは、ＲＯＥを下げるだけだから、有効にお金をまわすために内部留保を配当金として吐き出してほしい」と主張したが、これは典型的である。Ｊパワーの事業の目的は、日本国内の電力供給のために中長期の設備投資を行なっていくことにあるわけで、そのために自己資金を積み重ねてきたものを取り崩して配当金でもっていこうというのは、まさに百害あって一利なしである。

新たな基幹産業の立ち上げにおいて日本がもっとも有利な立場にいることも忘れて、それを実現するための知恵もしぼらず、思惑が見え見えの海外からの投資にただただ頼ろうとするのは、きわめて害の多い情けない姿であることを、肝に銘ずるべきである。

Ⅱ 「コア技術」を開発できる理由

イノベーションを生む風土

では、いかにすれば「金の卵を産むガチョウ」である新しい基幹産業を生み出すことができるのか。どうすれば、新しい基幹産業に欠かせないコア技術を開発し、育て上げていくことができるのか。

ここで、なぜアメリカは、ＩＴ産業のコア技術を開発することができ、そしてＩＴ産業が基幹産業になっていく過程での覇者となることができたのかを見ていこう。それに続いて、なぜいまのアメリカがコア技術を開発することができなくなってしまったのかも、あわせて考えることにしたい。

なぜ、アメリカでＩＴの新しいコア技術が発展したのか。その理由としてまず挙げられるのは、新しい文化や科学技術の発展というものは、さまざまな人びとが集まり、融合した場所で起きやすいということである。

頭のいい人間が集まったとしても、同じような文化背景の人だけが集まるのでは、違う視点は生まれづらい。文化的な背景が異なる人間が集まることによって火花が散り、まったく新しいイノベイティブなアイディアが出てくる。

その観点でいくと、アメリカ合衆国のなかでいちばん人種がぶつかり融合する場所こそ、シリコンバレーであった。西からは太平洋を越えてアジア系の人びとが来て、東からはヨーロッパ系の人びとが来た。北からはロシア人が来て、南からはラテン系の人びとが来た。

実感からすると、アメリカの一九八〇年代、新産業をつくるベンチャービジネスの七五パーセントは「移民一世」の活躍によるものであった。移民のハングリー精神が企業家精神へと直結し、それが新しい技術と結びついて、コンピュータIT分野において数多くのベンチャービジネスが生み出されたのである。

しかもシリコンバレーには、そのようなハングリー精神が旺盛な移民を受け入れ、異文化の「衝突」を誘発し、さらに発展させる「学のセンター」としてスタンフォード大学が存在していた。

かつてスタンフォード大学には、フレッド・ターマンという工学部長がいた。ターマンは、自分の門下生にどんどん起業することをすすめた。一九三九年に、ウィリアム・ヒューレットとデビッド・パッカードの二人がターマンに励まされて創業し、オーディオ発振器をつくった。この二人の最初の運転資金の五三八ドルを出資したのもターマンであった。これがヒューレット・パッカード社の始まりであり、シリコンバレーの発展の端緒でもあった。

また、トランジスタの発明者の一人であるウィリアム・ショックレーがシリコンバレーにショックレー半導体研究所を設立し、そのメンバーがのちにインテルやＡＭＤなどという企業を設立していくことになる。

このような伝統と風土が、さらにさまざまな能力あふれる人を呼び込み、どんどんイノベーションの気運があふれる町になっていったのである。

また、シリコンバレーには、この世に存在しない新しい技術を発掘し、投資し、育成して新しい産業を生み出していくことを使命とするベンチャーキャピタリストたちのよき気風もあった。そのころはまだ、時価会計や減損会計などということがやかましくいわれる時代ではなかった。当時のベンチャーキャピタリストの多くは、自分自身も実業の経験をもっており、経営の指導を積極的に行ない、ビジネスを展開するうえで足りない点を補っていた。

企業発展のリスクファクター

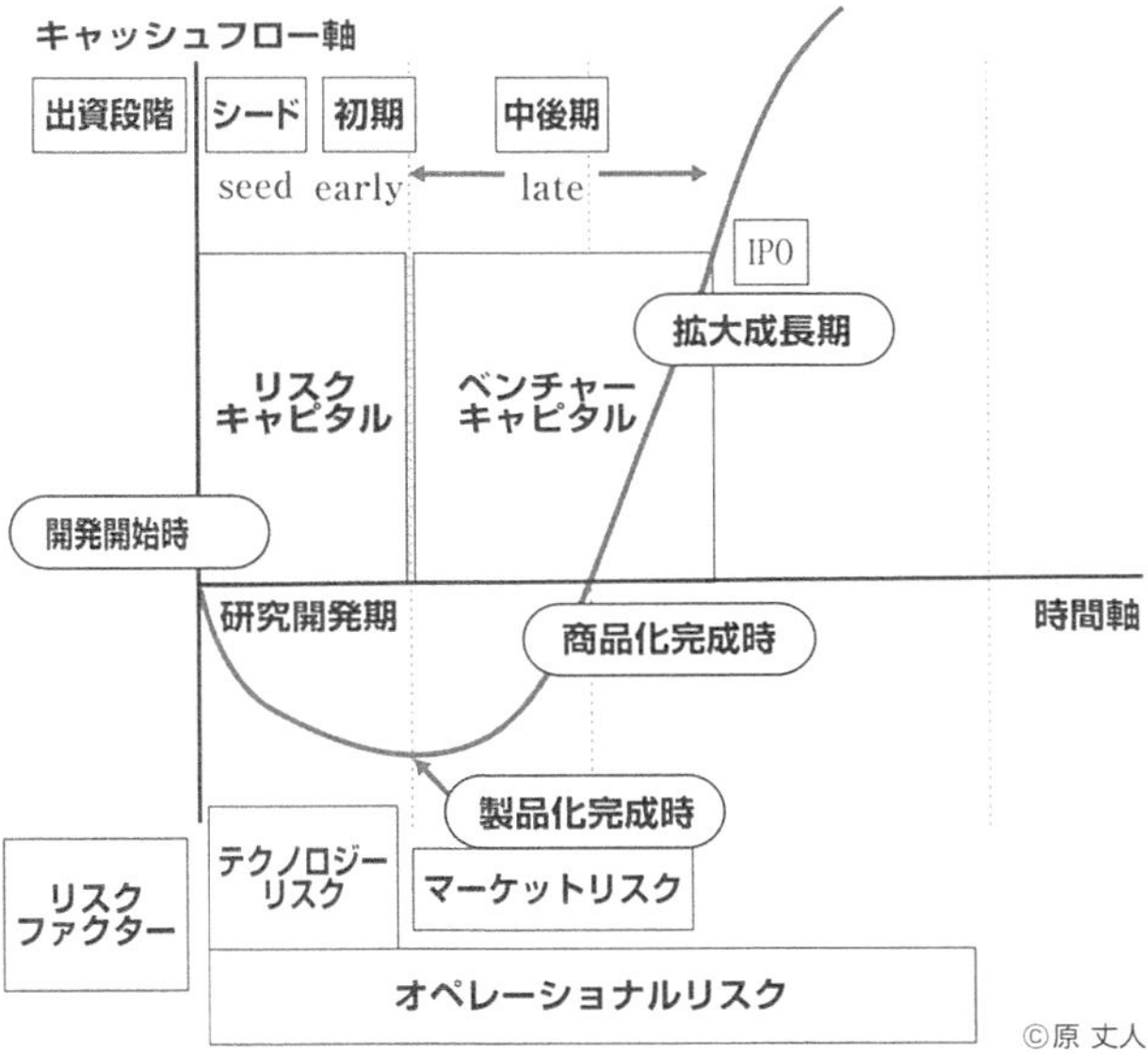

©原 丈人

ベンチャーキャピタルは、ほんとうに技術が実現するかという「テクノロジーリスク」と、ほんとうに売れるのかという「マーケットリスク」の両方のリスクを引き受け、可能性ある開発者の夢を、資金と経営を通して実現していく。開発者はさまざまな人びとが集まるイノベイティブな環境のなかで、みずからのアイディアを発展させていく。そのような要素がうまくそろっていたのが、あのころのシリコンバレーであり、だからこそ才能ある若者が次々と短期間で大きな企業をつくりあげられたのである。

有望な技術の芽はたんなる技術にとどまることなく、新しい産業を動かすものとして積極的に育成され、活用されていく。その好循環の積み重ねが、九〇年代のＩＴ産業の大発展を着実に準備していったのであった。

私がスタンフォード大学のビジネススクールに入学した一九七〇年代末は、まさにシリコンバレーがそのような雰囲気にあふれている時代だった。もともと私は大学卒業後、中米での考古学研究を志し、二十七歳までアルバイトをしながら研究を続けていたのだが、自分で主導して発掘調査を続けるには、どうしてもまとまった資金が必要となる。そこで、実業に成功してから考古学の業績を残したシュリーマンの故事に倣《なら》って、まずはビジネスを学ぼうとスタンフォードに入学したのである。

だがそこには、のちにマイクロソフトのＣＥＯを務めるスティーブ・バルマーや、サン・マイクロシステムズを創業するスコット・マクネリなどがいた。彼らに刺激を受けるかたちで、考古学で使っていた光ファイバーを用いた大型ディスプレイ装置の開発メーカーをつくることを志し、スタンフォード大学の工学部大学院に入学しなおして実際に会社を興した。それから三年後の八四年に、その会社を発展改組してデフタ・パートナーズを設立し、以来、私自身もベンチャーキャピタリストとしての道を歩むことになったのである。

思えば、「ベンチャーキャピタリストは、まるで考古学者のように、だれも価値を見出さないテクノロジーに価値を見出し、世の中に送り出していくのだから、まさに自分の天職だ」と確信できたのも、当時の雰囲気があればこそのことであった。

なぜアメリカは地に落ちたか

だが、もはやアメリカはその雰囲気をなくしてしまった。もう昔日《せきじつ》のあのすばらしい環境を取りもどすことは不可能ではないかとすら思える。アメリカでは、もはや新しいコア技術を開発することは困難なのではないかと考えざるをえない状況なのである。

そうなってしまった第一の理由は、まず、ベンチャーキャピタルの気風が崩れてしまったことである。シリコンバレーの成功を見て、膨大なファンドが流れ込んできたために、リスクを取って新産業を育てようという志が希薄になり、ただリターンだけに関心をもつファンドマネージャーや経営コンサルタントが、資金運用の主体になっていった。

九〇年代前半にベンチャー企業に入っていた資金は年間四〇〇〇億円程度だったが、二〇〇〇年には一〇兆円を超えていた。技術の将来性を見抜き、みずからも積極的に関与しながらリスクを冒《おか》すのではなく、安全で儲かりそうなところにだけ投資するようになってしまったのである。

しかも、「会社は株主のものだ」という短期思考が幅を利かせるようになった。この考え方が正しいとすると、株主価値を上げることだけが、もっと単純にいえば、時価総額、すなわち「株価×発行株式数」をただ上げることだけが目的となってしまうのである。ただ数字を上げることだけが目的ならば、十年よりも五年、五年よりも三年で上げたほうが、評価は高くなる。

じつは、先述の「Ｗｅｂ２・０」というのも、そのような変化を背景にしたものだといえる。つまり、リスクを冒したくないキャピタリストにとっては、大きな未来を生み出すかもしれないが高リスクで長期間にわたる「未来のコア技術」の開発への投資よりも、Ｗｅｂ２・０のように、既存の技術を組み合わせただけのものへの投資のほうが、はるかに望ましい。

その結果、Ｗｅｂ２・０のような新味のないものへの投資ばかりが集まり、ポストコンピュータを担うコア技術のアイディアをもっている人間がどれだけ世界じゅうから集まってきたとしても、もはやアメリカでは彼らに投資する人が急速に減少して、とても期待できないような状況になってしまったのである。

第二の理由として、時価会計、減損会計などという考え方が大手を振るうようになったことが挙げられる。この会計基準は、ファンドの投資家の立場からは、今日の保有株価がわかりやすく重宝するであろう。

しかし、新しい価値を創造しようとする開発者の立場からすれば、きわめて不利益の多い制度である。

デフタ・パートナーズが、新しい動画処理技術を実現したオープラス・テクノロジーズ社を創業段階から支援していたときのことを例としよう。

オープラス・テクノロジーズ社は、ハーバード大学の研究者だったヨセフ・セグマン氏の応用数学分野での研究成果が画像処理のアルゴリズム（処理手順）に適用できるのではないかとの判断から、二〇〇〇年一月に立ち上げ、総額四〇億円（払い込み時期は異なる）を投資した会社である。このときのオープラス・テクノロジーズ社のバランスシートは、現金勘定に四〇億円、資本金が四〇億円の超優良会社である。

だが、ここからテクノロジーリスクの世界に入っていく。つまり、応用数学の研究成果をアルゴリズムに落とし込み、そのアルゴリズムをソフトウェア化し、そのソフトウェアをマザーボードに載せてみて、それを半導体として試作し、さらにＡＳＩＣという集積回路にしていく過程をたどるわけだが、この期間はただお金を使う一方。四〇億円は減っていくだけである。しかも、その段階では、あくまで仮説に基づいて進めているにすぎず、テクノロジーとしてうまく成就するかどうかすら定かではない。

結果的に、オープラス・テクノロジーズ社の技術開発は成功し、画像処理半導体の世界有数のメーカーとなって、二〇〇五年にはインテルとの世紀の合併を果たすのだが、しかし二〇〇三年の段階では、四〇億円もほとんど使い果たして、現金勘定はゼロに近い状態であった。資本勘定もただ四〇億円を食いつぶしているわけで、この時点で考えるなら、同じ調子で進めていけば債務超過ということになってしまう。

このような会社に投資をしていることを、時価会計や減損会計の会計基準に基づく公認会計士の目で判断したら、「投資はすでに破綻状態であり、これを投資勘定に置いておくのは株主に対する不誠実な行為だから、損失として落とすように」となるのは間違いない。いまや公認会計士に楯突いたことが漏れたら、日本の経営者はクビになりかねないから、ふつうの企業であれば、減損を迫られればそれを受けることも大いにありえよう。

すると、その時点で、投資した金額ぶんの利益が吹っ飛んでしまうことになる。そのときに、もし本業で思うような利益が上がっていなかったら、それこそ一大事である。事情を知らない一般投資家が危険を感じて投資を引き揚げてしまう可能性も多分に出てくる。まさに時限爆弾になりかねないのだ。

企業としては、とても怖くてそのような投資には踏み切れない。長期にわたってリスクを取りつつ研究開発を続けていくということがマイナス評価されかねない。

まさにこのような考え方が、何年間も赤字が続くような未来の技術に対する投資を行ないづらくする傾向を助長しているのである。

余談になるが、この時価会計や減損会計がここまで主流になってきたもう一つの背景として、日本のバブル期に日本の金融機関が世界の金融界のなかで巨大な存在になったのを牽制《けんせい》し、締め上げるため、という動機があったことは間違いない。

いま欧米では、時価会計、減損会計を見直そうという動きが出はじめている。時価会計を厳格に適用すると、サブプライム関連の商品に対して大量に投資している金融機関の損失額がさらに膨らむからというのだが、日本が厳しい状況のときには時価会計を押しつけておいて、自分たちの都合が悪くなればやめるという、そんな勝手な話があるだろうか。

世界のルールがつねに日本に不利にできているというのは、外国に住んでいる日本人としていつも感じることである。日本は欧米の三〇倍くらい努力し、汗をかかなければ対等な競争ができないという感覚をもたざるをえないのが正直なところである。

さて、アメリカでの新たな技術開発が困難になった第三の理由だが、それは二〇〇一年の「9・11」以降、アメリカの移民の歴史が変わったことである。

先にも述べたように、アメリカの発展は、つねにアイディアとやる気、そしてハングリー精神をもっている大量の移民によってつくられてきたわけだが、「9・11」以降、アメリカは外国からの移民に対して非常に大きな規制を敷くようになった。アメリカで就労可能なビザの審査がきわめて厳しくなったのである。残念ながら、優秀な才能をもった人間が活躍できる可能性が大きく減らされてしまっているのだ。

さらにもう一つ、第四の理由は、コンピュータ産業で成功したがゆえの自縄自縛《じじょうじばく》に陥っていることである。たとえばマイクロソフトのビジネスモデルは、OSをどんどん新しくしていくことによって儲けようというものだ。もし、コンピュータやOSが不要なポストコンピュータの時代が到来したら、商売はあがったりになってしまう。となれば、ポストコンピュータの産業が勃興することを妨害する方向に努力を傾けることになるのである。

かつて自動車メーカーのＧＭ（ゼネラルモーターズ）が、公共交通機関が発展することは自動車の売上高に影響すると考え、大きな市電会社を買収しては、買収後に市電を廃止する動きを見せたことがあった。それと同じようなことを、アメリカのコンピュータ会社は行なおうとしている。

過去の成功を勝ち得たものは、将来の成功がつかみにくいというのは普遍的な真理だろうが、まさにアメリカもその深みにはまっているのである。

Ⅲ 「投資減税」で夢ある日本を

税制を変えればすぐ実現できる

アメリカがＩＴ産業のコア技術を開発し、基幹産業として育て上げた経緯を参考としつつ、アメリカがダメになった教訓を逆手に取って政策をつくりあげていけば、日本にとってポストコンピュータの基幹産業を創出していく大きなチャンスが生まれてくるはずである。

何より、日本が手がけるべきは、「リスクキャピタル制度」をまず日本においてつくることである。リスクキャピタル制度というのは、新しいコア技術を開発し、新しい基幹産業をつくりあげようとする取り組みに対して継続した投資支援を行ない、テクノロジーリスクとマーケットリスクをカバーするとともに、なおかつ、リスクに見合うリターンを出していく仕組みである。

時価会計、減損会計の問題点はすでに指摘したが、しかしこれは当面、日本のイニシアティブで変更できるような問題ではない。であるならば、税制を変えることによって、このリスクキャピタル制度を実現すればよい。

たとえば、企業が「リスクキャピタル」に該当する投資を行なった場合、投資勘定のなかの有価証券投資とするのではなく、強制減損して、損金でその年の利益と相殺《そうさい》できる仕組みを導入するのである。

リスクキャピタルへの投資を損金繰り入れすることが認められるならば、本業が儲かっていて利益が上がっているときに投資をすれば、それが即、節税にもつながることとなる。節税に役立つならば、投資家は進んで投資をするだろう。事業会社の場合は、自社の将来事業にプラスとなる分野を見つけてきて、その新技術に積極的に投資をすることとなるはずだ。

一方、個人の場合、たとえば「納めている所得税の何割まで」などと上限を決めたうえで、その金額までであれば、リスクキャピタルに投資をすれば、そのぶんは税額控除のかたちで所得税から差し引くことができるようにすればよい。一〇万円をリスクキャピタルに投下した場合には一〇万円が所得税から引かれる仕組みにするということである。

コア技術の開発は、それこそ成功率がきわめて低い。一〇に一個、一〇〇に一個しか成功しないとなれば、ふつうはあまりにリスクが高すぎるために投資に二の足を踏むだろう。しかし、そのぶんが税金の控除でもどってくるとなれば話は別である。

リスクキャピタルは、成功すればリターンはとてつもなく大きなものとなる。ただ税金を払うよりは夢があるし、楽しい。うまくリターンを得られた場合、その資金を同じようにリスクキャピタルに再投資する場合には税の繰り延べをして、現金化して自分の所得とするときに所得税やキャピタルゲイン課税がかかるように税制を変えればよいだろう。

一兆三〇〇〇億円あればいい

このようなことを書くと、財務省は「原さんは財務省参与の立場なのに、税収が減るようなことを提案していただいたら困ります」といってくるにちがいない。だが、歳出削減ばかりやってもそれだけでは財政再建にならないのだから、発想の転換をすることが大切なのである。

とはいえ、財務省から見れば、際限なく企業の損金や個人の税額控除が増えていってはたまったものではないだろう。ガイドラインとして、一兆三〇〇〇億円という金額を考えてはどうだろうか。

これは、一九八〇年代にアメリカでベンチャーキャピタル業界がコンピュータIT産業をつくりあげたコア技術に投資した金額である。この一兆三〇〇〇億円が、アメリカのGDPを一・五倍に拡大させ、財政黒字を実現する呼び水になったのである。日本も、まずはこの一兆三〇〇〇億円という金額をメドとして実施してはどうだろうか。

この一兆三〇〇〇億円は歳出の削減によって原資をつくればよい。たとえば、「事業仕分け」というものを導入することを考えてもよいだろう。

事業仕分けというのは、行政職員と、ほかの自治体もしくは部門の行政職員、民間人、議員などで「仕分けチーム」をつくり、国や自治体の行政サービスの予算事業一つひとつについて、その事業が必要かどうかを徹底的に議論し、必要な場合にはその事業は民間、国、地方のどこでやるべきかを「仕分け」していこう、というものである。最近では、自民党が構想日本（加藤秀樹代表）の事業仕分けを導入し、文部科学省の二八事業のうち半数を整理した。

カナダでは、一九九四年に当時のクレティエン首相がプログラムレビュー（＝事業仕分け）を導入し、国と地方の関係や補助金のあり方の見直しや、公務員の削減、失業保険制度、年金制度の改革、内閣組織の効率化などを行なった結果、歳出をおよそ二〇パーセント削減することに成功している。

ちなみに一兆三〇〇〇億円がどれほどの予算規模かといえば、首都高速道路の建設代金は一キロあたり一〇〇〇億円だから、一三キロぶん。第二東名は一キロあたり二〇〇億円だから、六五キロぶんに相当する。

そう考えると、日本は世界と比較しても群を抜いて道路密度が高いにもかかわらず、なお高速から農道までさまざまな道路が計画されているわけだから、特定道路財源を一般財源化し、さらにどの道路が必要でどれが不必要かを「仕分け」るだけでも、かなりの金額を歳出削減できるはずだ。そのようにして歳出削減を積み重ねれば、一兆三〇〇〇億円くらいはいくらでも手当てできそうなものである。

財源が手当てできたとして、次に問題になるのは、さまざまな人や企業が「自分の研究こそコア技術だ」と名乗りを上げて収拾がつかなくなったらどうするかという問題である。公平性の原則などが持ち出されてきて、「応募者が多ければ一社あたりで減税になるのが数百万円規模になってしまって、効果が表れないことにならないか」とか、「コア技術に該当するかしないかという客観的な基準をどうやって決めるのか」などの議論が出てくるにちがい

カナダの「プログラムレビュー」（事業仕分け）

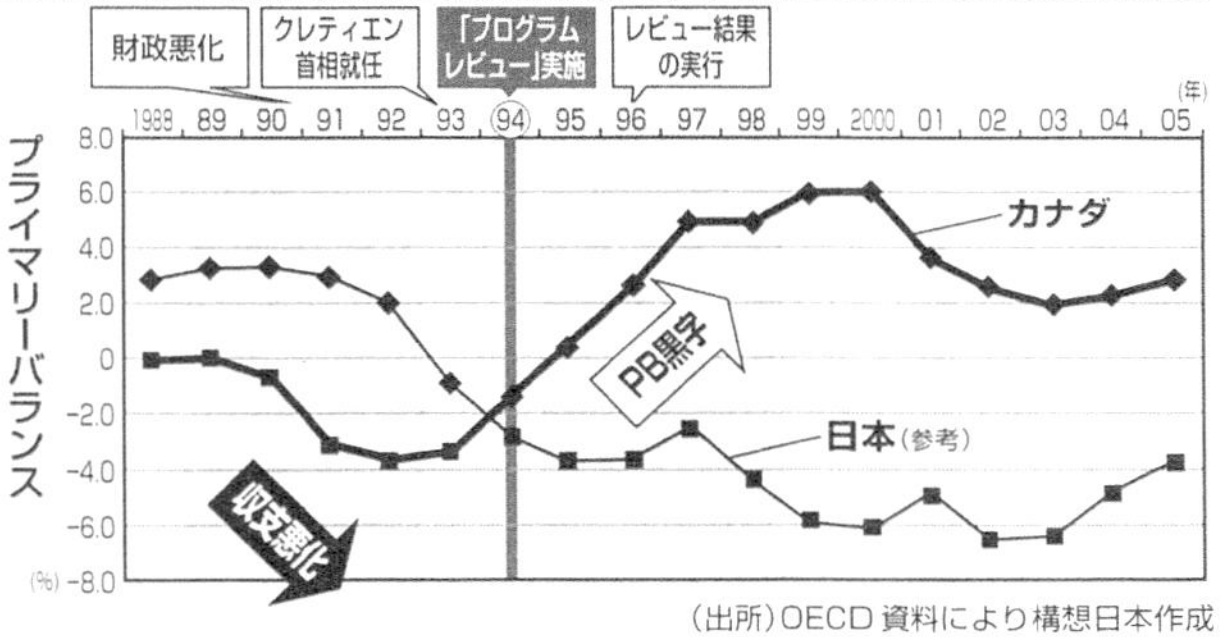

（出所）OECD 資料により構想日本作成

主要各国の道路密度比較

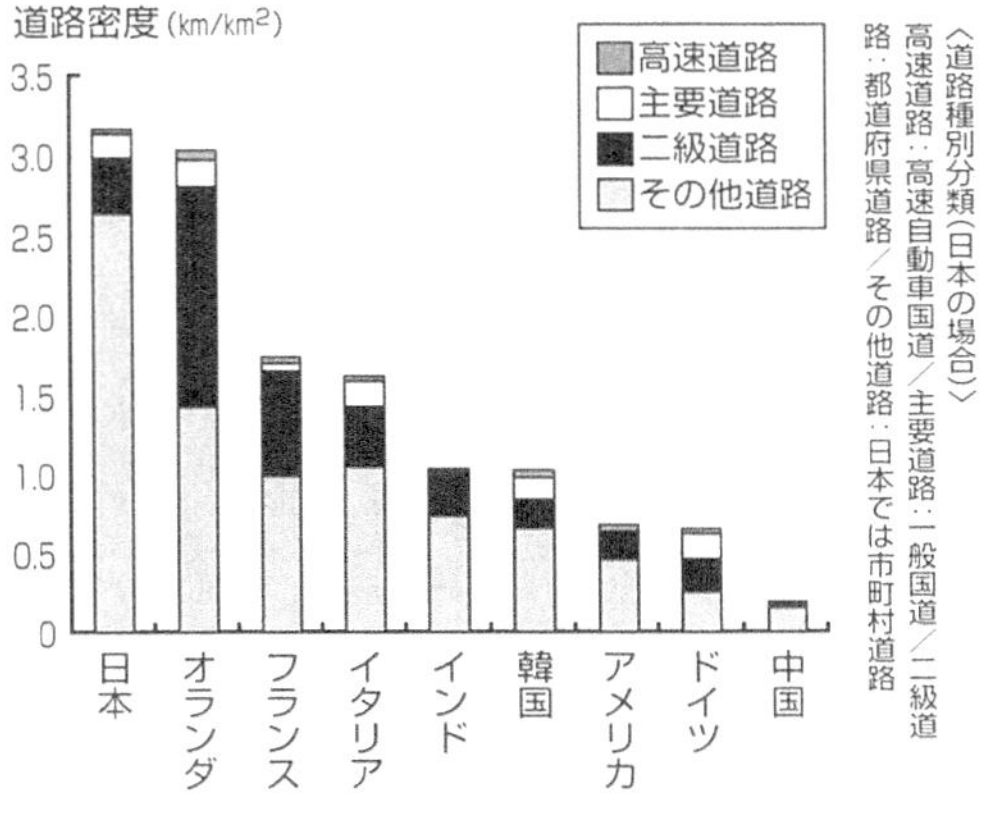

〈道路種別分類(日本の場合)〉
高速道路：高速自動車国道／主要道路：一般国道／二級道路：都道府県道路／その他道路：日本では市町村道路

（出所）社団法人日本道路協会「世界の道路統計 2005」より構想日本作成

ない。

そのようなものは客観的に決められようもない。主観的な判断で決めるしかないが、一人の人間の主観であれば必ずバイアスがかかるので、有識者なり、その分野に関する専門家を数十名選び、その人たちの主観に基づいて選ばれた企業群に対して優先的に投資をしていく方法をとればよいのではないだろうか。

かつては昭和二十年代の傾斜生産方式のように、政府が税金を集めて、中央官庁の裁量によって配分するという方式がとられてきた。だがこれからは、政府はルールづくりだけをして、あとはコーディネーターのような役割を果たし、資金は市場で直接動くようにすればよいのである。新しい産業をつくりあげていくにあたっては、そちらのほうがはるかに効率もよく、成功の可能性も高いことはいうまでもないだろう。

日本だけができる「好循環」

もし日本にそのようなリスクキャピタルの市場ができれば、海外からも高い注目を集めるにちがいない。次の時代のコア技術をつくるようなタイプの科学者や技術者は外国にもたくさん住んでいる。日本のリスクキャピタルを彼らも利用できるようにすることで、彼らの知恵も活用して、わが国の将来をつくれることになるだろう。

具体的には、海外の好きな場所に研究所や会社をつくっていいし、その科学者・技術者自身も必ずしも日本に居住しなくてもよいが、株式会社という器は日本につくってもらって、その器に投資される資金に対しては税額控除を行なうようにすればよいのである。

それでは、資金だけもっていかれるのではないかと危惧《きぐ》する向きもあるかもしれない。だが、それは杞憂《きゆう》である。

産業革命の時代とは異なり、次の時代のコア技術のほとんどは知的財産である。知的財産をつくるのは少人数だが、それを製品に落とし込む過程で、多くの人数が関与し、雇用が生まれる。しかも、これからの技術はソフトウェアとハードウェアが融合したエンベデッド（組み込み）のものになっていく。高度な知的財産をハードウェアとして実現できるだけのインフラ基盤があるのは世界じゅうで日本しかない。頭脳はどこにあっても、それを実現しようとした途端に日本に来ざるをえないのだから、何も心配はいらないのである。

さらに最初に述べたように、日本が先進国のなかでいちばん税率が低い国になれば、企業はどんどん日本に入ってこようとするはずである。まさに好循環が生まれるのだ。

先に、アメリカが移民国家としての活力を失いつつあると書いた。現在の日本は移民国家ではないが、しかし、違う考え方の人間でも「和」の精神でいっしょにやっていく伝統的な知恵をもっている。八百万《やおよろず》の神々の伝統がそこに息づいているといってもよいだろう。アメリカとは違うかたちで、知的活力あふれる環境を必ずやつくりあげられるはずである。

では、どのようなものが次世代の技術になっていくのか。それは、次章以降で見ていくこととしたい。

第三章 コンピュータはもはや足枷

――新ビジネスを生み出す画期的コア技術は何か

I 「解けない技術」を解く技術

コンピュータでは越えられない大きな壁

「コンピュータで何でもできる」。そういう〝幻想〟がつくられたのはいつごろのことだろうか。かつてコンピュータの草創期に製作されたSF映画などでは、コンピュータが何でも答えを出してくれるようなシーンがよく見られたものである。人間がコンピュータの指示や判断に従う社会が印象的に描かれる物語も、いくつもあった。

それはまさに、コンピュータが基幹産業として勢いよく成長しはじめた段階で、多くの人に共有された「夢」、あるいは「畏《おそ》れ」だったのかもしれない。

だが、ほんとうにコンピュータが「何でもできる」ようになるときが来るのだろうか。私は、もうまもなくコンピュータに対する〝幻想〟が〝幻滅〟に決定的に変わるときがやってくると考えている。おそらく、そう遠くないうちに、ほとんどの人がパソコンなど使わない時代が来るのではないか、とすら思う。

前章では、「コア技術」がなぜ大切で、いかにすればそれを生み出せるのかということを語った。また、もはやコンピュータが基幹産業である時代は過ぎたとも語った。

では、新たな基幹産業を生む「コア技術」とはいったいどのようなものなのか。そして、そのコア技術に基づく「ポストコンピュータ」の社会はどのようなものになるのか。その見取り図を、これから述べていきたいと思う。

まず考えるべきは、コンピュータにできること、できないこととはどのようなものか、ということである。

二〇〇六年九月、搭乗した飛行機でたまたま手にした新聞に、科学史家の米本昌平氏が執筆された次の文章が掲載されていた。

「二〇〇三年にヒトのゲノム（全遺伝子情報）解読が終了し、ほかのいくつかの生物でもゲノムの全解読は終わっている。生命の設計図が読まれた以上、その仕組みが一気に見通せてもよいはずなのだが、全体の光景は逆のように見える。ものすごい勢いで蓄積されるＤＮＡの配列情報の大海原を、多様なプログラムを走らせて、かすかな意味もコンピュータで読み

取らせようとするのだが、成果はかんばしくない」（『毎日新聞』二〇〇六年九月十七日付）

あまりに本質を衝《つ》く議論だったので、私は米本氏と直接話をさせてもらったのだが、やはりすごい人であった。要するに、「コンピュータによる情報解析では、この問題は解けない」ということを、米本氏は直感的に理解したのである。

だが、なまじコンピュータを信じている人たちは、そこのところが見えない。スタンフォード大学のコンピュータサイエンス学部の研究者たちに問うたときには、「これはコンピューティングパワーが足りないから解けないのだ」などという答えが返ってきた。きっとＩＢＭやインテル、マイクロソフトなどの技術担当のトップも、「もっとコンピュータの性能が向上しさえすれば、必ずや解ける」と同じ答えを出すはずだ。

現在のコンピュータを信じるなら、それもいいだろう。ただいえることは、そういう考え方をしている人びとや会社は、次なる新しい時代は切り拓けないということである。

コンピュータには間違いなく「解けない問題」がある。なぜか。それは、いまのコンピュータが基本的に、「構造化」したデータを扱うのは得意だが、「半構造」のデータ、あるいは「非構造」のデータについては、とても十全に扱えているとはいえない状況だからである。

「構造化」されたデータとは、すべて属性が決まっており、しかもその属性がほぼ固定化されているものである。たとえば、名簿をつくるときに、名前、勤務先、電話番号、住所、趣味などと入力していくが、そのそれぞれの項目が「属性」である。

それぞれの項目に必要な情報を入力することによって、はじめてコンピュータはそれぞれの違いを判別できる。もし、たんなる白い紙に名前や住所をバラバラに書き込んだら、もうコンピュータにはわからない。人工知能ソフトウェアを使って、「これは名前らしい」「これは住所らしい」「これは趣味らしい」などと属性を与えて、コンピュータでも判別できるようにすることも可能だが、それだけで膨大なコンピューティングパワーを食ってしまい、その割に見合うような成果は出せないだろう。ただただCPU（中央演算処理装置）が熱くなって、ムダにエネルギーが浪費されるだけになるはずである。

さらに、現在のコンピュータで主流となっている「リレーショナル・データベース」の論理構造では、構造化データしか扱えない。そして世界じゅうの会社、学校、政府機関などあらゆる組織のデータベースの九九パーセントは、このリレーショナル・データベースで成り立っているのだ。

リレーショナル・データベースの構造は、まさにいま挙げた住所録の一覧表をイメージするとわかりやすいだろう。一人の人物のデータを、住所、電話番号、勤務先などと属性ごとに分けて分類していく仕組みである。

商品のインターネットカタログをつくるとしよう。

リレーショナル・データベースの性質上、ある属性の〝記入欄〟には一つの情報しか入れられないから(たとえば名前という属性で定義された記入欄には、一つの名前しか入れることはできない。ネットを使って商品を買ったり、飛行機の予約をするときに、名前の欄には一つの名前しか書けないことを経験的にみなさん知っておられることだろう)、型番の欄には一つの型番を書かなければいけないし、値段の欄には一つの値段を入れなければいけない。一物二価の商品は取り扱えないのである(もちろん、特殊な環境を設定してやれば、できないことはないが、その代わりほかの多くの機能が犠牲になる)。そうでなければ、比較対照もできなくなる。

だが、たとえば住居用のドアは、ヒンジ(蝶番《ちょうつがい》)の付き方が一ミリでも違ったら、目的用途には使えない。だから、ほんとうに使い勝手がいいドア販売のネットカタログをつくろうと思ったら、一つの商品に少しずつ違うヒンジの幅で品番を付けていくしかない。だが、それでは、あまりに膨大で項目がいくらあっても足りなくなってしまうだろう。

あるいは、まったく新しい性能の商品が出てきたら、インターネット上のカタログにどう反映すればよいだろうか。

リレーショナル・データベース概略図

	項目a	項目b	項目c	項目d	項目e	項目f
行1	データ1a	データ1b	データ1c	データ1d	データ1e	データ1f
行2	データ2a	データ2b	データ2c	データ2d	データ2e	データ2f
行3	データ3a	データ3b	データ3c	データ3d	データ3e	データ3f

IFX概略図

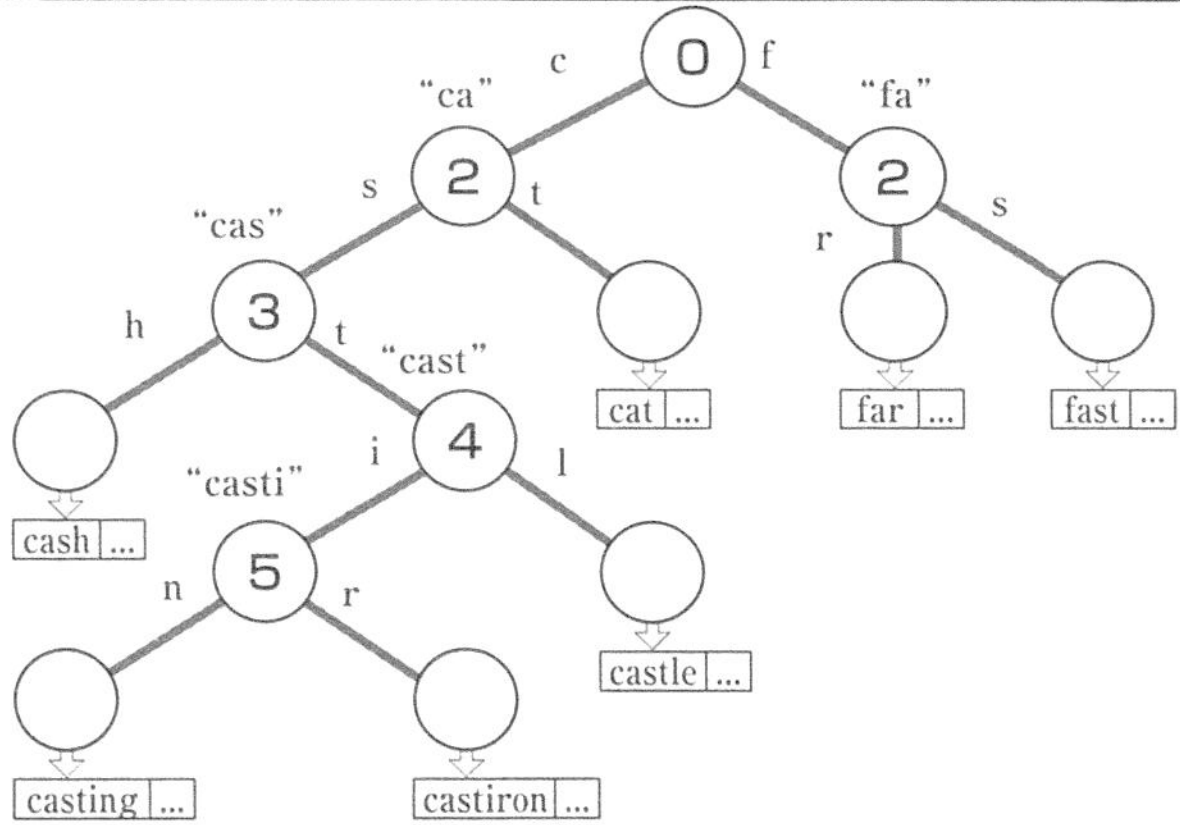

たとえば、画期的な衝突安全の新システムが付いた車が売り出されたらどうなるか。まず、〝安全性〟という属性をカタログに加えることが重要であると、そのカタログをつくるネットマネージャーが理解できていなければ、この属性は足されないだろう。また、ほかの車が追随して衝突安全システムを装備してこなければ、その属性を付加するのは後回しということにもなりかねない。どれほど新開発された安全システムが画期的であろうと、少なくともそのカタログ上では、それはうまく評価されないことになってしまう。

また、新しい属性として足すことになっても、それからがたいへんだ。一つの商品だけに新しい属性をつけたしても意味はない。全商品の属性の定義を再検討して、マスターデータベースを全部やり替えなければならないのである。

マスターデータベース更新のためには、たいへんな費用もかかる。だから、ネット通販の会社でもそのような大更新は、せいぜい年に数度の規模でしか行なえないはずだ。

顧客のデータベースをつくる際にも、まったく同じ問題が起きる。当然のことながら、顧客はそれぞれさまざまな個性や特性、購買性向や好みをもっている。厳密にいえば、まったく同じ属性で区分けできるような人間は、ただの一組だっているわけがない。

そのような顧客を、いまのデータベースでどこまで的確に把握することができるだろうか。そこには越えられない大きな壁がある。

「IFX」の威力

「すべて属性が決まっており、しかもその属性がほぼ固定化されている」ような「構造化」されたデータが、世の中にどれほどあるだろうか。多くのものは、それぞれがけっして共通しないさまざまな属性をもったデータではなかろうか。

さらにいうならば、さまざまな要素が、さまざまな条件に応じて相互に作用し合って一つの物事をつくりだしていくようなことも、この世界のなかではきわめてふつうに見られることである。そのようなデータを、どうすれば扱えるだろうか。どのように属性を入れて、どう分析させればよいのか。

たとえば、一つひとつの納入先の違いや、そのときの気温や湿度などによって微妙に成分を変える原料を扱うような会社は、それぞれの商品をデータベース化できるだろうか。あるいは、気温や風や水蒸気などの気象条件や大気中の塵《ちり》などのさまざまな条件によって異なる「雲」の発生過程を、どう予測することができるだろうか。

逆にいうならば、このような分析ができるようになれば、たとえば先に挙げたゲノムの解析も可能になっているはずである。また、大気中の割合が〇・〇四パーセント以下の二酸化炭素が増えただけでほんとうに地球が温暖化するのか、その真偽《しんぎ》も明らかになるはずだ。まったく新しい次元の問題解決が次々となされるようになるにちがいない。

だが残念ながら、どうあがいても、いまのリレーショナル・データベースの設計思想を主流としているコンピュータによって、そのようなことが可能になる日は訪れないだろう。可能になったとしても、それは相当に無駄の多い仕組みになるはずだ。

これをクリアできる「コア技術」として考えられるものが、「ＩＦＸ」（インデックス・ファブリック）という理論である。これを私が知ったのは、イスラエルのテルアビブ大学の研究者たちと出会ったことからであった。この理論は、二〇〇一年九月にイタリアで開かれたＶＬＤＢ（Very Large Data Bases）学会で発表されてもいるが、ここで発表されたのは、独自のツリー構造でインデックスを構成し、「半構造」データを効率よく、かつ柔軟に扱えるようにしようという考え方である。

この学会では、スタンフォード、ＭＩＴ（マサチューセッツ工科大学）などのコンピュータサイエンス研究者のみならず、ＩＢＭやオラクルなどの産業界のデータベース専門家も、ＩＦＸに驚愕《きょうがく》したと報告を受けている。ただし、ここで発表されたＩＦＸの内容は、本来のパワーの数分の一にすぎない。

仮に、人類が解決したいと思う世界の諸問題が一〇〇テーマあると仮定すると、現在のコンピュータＩＴ時代のソフトウェアが扱う「構造化」されたデータで解決可能なものは、おそらく一〇パーセントにも満たないであろう。残りは「半構造データ」や「非構造データ」など、コンピュータＩＴ時代のソフトウェアでは効率よく扱うことができなかった、データ構造が幾重にも入り交じった世界に取り組まなければならない。

それぞれにけっして共通しない、さまざまな属性をもった「半構造」データを表現するためには、ツリー構造が最適である。だがツリー構造といっても、家系図では親子関係を表現するし、生物学の分類系統図では「抽象―具象関係」を表現する、といったように、そこに含意される「意味」はいろいろある。こういった意味も含めて独自のツリー構造で表現し、ツリーのなかから求めているデータをすばやく検索できるようにするエンジンがＩＦＸなのである。

ＩＦＸの理論を応用すれば、自動的に属性をどんどん加えられ、さまざまな項目を自由に足したり引いたりできる、きわめて柔軟なデータベースをつくることができるだろう。

現在、柔軟に任意のデータ構造を格納できるようにした「オブジェクト指向型データベース」や、ツリー構造データを格納できるデータベースとして「ＸＭＬ（Extensible Markup Language＝拡張可能マークアップ言語）データベース」もあるが、ＩＦＸはこれらと競合するのではなく、これらに組み込むことで、柔軟性を維持したまま、検索速度をグンと高めることもできる。

このようなデータベースを活用することで、属性が次々と変化したり、それぞれの属性がそれぞれの階層構造をもっているようなデータを取り扱うことも、圧倒的にたやすくできるようになるはずだ。ＩＦＸの理論のような新しい設計思想を「コア技術」として、それに最適化したポストコンピュータのハードウェアが実現したとき、たいへんな可能性と威力が、われわれにもたらされることは間違いない。

もしポストコンピュータの時代が、新たなデータベースの構築を可能にしたなら、それをもとに新しいビジネスモデルも次々と生まれてくるだろう。これまでのインターネットの電子商取引ビジネスを「乗合馬車」だとするなら、新しい柔軟なデータベースに基づく電子商取引ビジネスは「自動車タクシー」だといいうるほどの差をもたらすにちがいない。その時代には「乗合馬車」、つまり旧来の電子商取引ビジネスモデルは、あっという間に駆逐《くちく》されていくはずである。

見取り図を描き、発掘せよ

一九九〇年に、そのような新しい「コア技術」を実現できる研究者を発掘するために、原総合知的通信システム基金という財団法人が誕生した。まだこの財団の本領は発揮されていないが、新しい理論を探し求めていくのは、じつに愉快なことである。

私は、毎年のように、科学者や技術者を中心として何百人もの人間と会う。どれが私に理解できるか、どれが本物か、ということを見極めるためだ。

前章でご紹介したように、動画処理技術のオープラス・テクノロジーズという会社を立ち上げたのは、ハーバード大学で応用数学を研究していたヨセフ・セグマン氏との出会いがきっかけだったのだが、それもそのような数多くの出会いのなかの一つであった。

セグマン氏と最初に会ったのは、一九九九年十二月二十五日のことだった。彼はユダヤ人でキリスト教徒ではないから、クリスマスは関係ない。はじめは二時間ほど話そうと思っていたのだが、気がついたときには外は真っ暗。夕食の時間も忘れて、八時間も話し込んでいたのだ。それでもあまりにおもしろいから、翌日もまた会った。そして、その日のうちに彼の応用数学の理論をもとに映像処理の半導体をつくる会社を設立することを決意したのである。

そして私の下で会社の経営をし、五年後にはこの会社は、新しいポストコンピュータＩＴ時代のＣＰＵ分野で世界のリーダーの一角となり、古いコンピュータＩＴ時代を代表するインテルと合併したのだった。

人類が解きたくとも、いままでのコンピュータのロジックでは解けない問題は山ほどある。だが、そのような問題を解決できるようなコア技術は、必ずやあるはずなのだ。

たとえば、私はパソコンが切り拓いた「前期デジタル時代」、そして「ポストコンピュータ」の「後期デジタル時代」の次には、「ネオアナログ革命」がやってくると考えている。

デジタルはすべてを「0」と「1」の二律に分解する。デジタルカメラの写真が無数のドットで構成されていることに象徴されるように、「対象物」を「対象物そのもの」としては認識せず、無数の細かいブロックに分解して、それをもう一度組み立てなおすような作業を行なっている。

すべてを分解することで、制御することが可能になる。「制御できること」はデジタル化の大きなメリットである。デジタルカメラの画像も、一個一個の点に分解して制御しているからこそ、修正も簡単にできるし、劣化なく容易に通信に載せることもできるのである。

だがそのような作業は、当然のこととして、きわめて無駄が多い。おそらく二〇四〇年から二〇五〇年くらいには、「デジタルではもうこれ以上どうしようもない。人間はもっとやりたいことがあるのにデジタルの発想方法の延長線ではできない」と、みんなが結論づけるようになるはずだ。

そこで「アナログ」が、新しいかたちで見直されるのではないか、というのが私の考えだ。スーパーコンピュータの回路では一秒間に地球を七周半もするほどの速度で情報が行き交っているのに対し、人間の神経の伝達速度はたったの二メートル。だが、人間のほうがスーパーコンピュータよりもはるかに優れている。効率のよい「アナログ制御」が、人間のなかでは行なわれているからである。

いまはまだ、その制御のメカニズムがわからず、そのために、工業製品としてその仕組みを活用できない。しかし、全体のものを全体として説明できる「複雑系の数学」の理論がさらに進展すれば、アナログ制御を理論的に説明することも可能になり、理論を技術に落とし込むこともできるようになるだろう。そのときついに、「ネオアナログ革命」が到来し、「人間がやりたいこと」を、現在のデジタルの技術よりもはるかに省資源、かつ高性能で実現できる時代がやってくるのである。

このような大きな見取り図を描きながら、それを実現する「コア技術」を発掘し、実現していくことによってこそ、未来をみずからの手でつくりあげていくことができるのだ。

私の会社は規模は小さいながらも、そうしてきたし、これからもそうしていくだろう。しかし、どうせならば、日本全体でもっと多くの人びとが、そのようなことに目覚めるべきだと思うのだ。

新たなコア技術を見つけようとする人間が増えてくれば増えてくるだけ、どんどんおもしろいことになっていく。日本国内だけでも、どれほど数多くの技術の芽が眠っていることだろう。日本人は技術を見る目も肥えているし、コラボレーションしていける技術の核ももっている。さらに世界に視界を広げていけば、そこでは可能性に満ちたさまざまな出会いが約束されているはずだ。

Ⅱ　コミュニケーションの大進化

なぜコンピュータは使い勝手が悪いのか

さて、コンピュータの次に来るものを考えるために、「ネットワーク」ということについても考えてみよう。

ためしに、もしコンピュータがインターネットにつながらず、メールもできないものだったとしたら、いまだれがコンピュータを買うだろうか。かつては、コンピュータのおもな用途といえばワープロや表計算だったかもしれないが、いまパソコンをもっている人にその理由を聞けば、ほとんどの人が「インターネットに接続するため」とか、「メールをやりとりするため」と答えるはずだ。コンピュータでネットワークすることに、だれも何の不思議も感じていない。

だが、ここで問われるべきは、ほんとうにコンピュータはネットワークをするために使い勝手がよいものなのかどうか、ということだ。

コンピュータの黎明期《れいめいき》、コンピュータどうしがつながるということは前提になかった。そして、コンピュータどうしをつなげていくようになった当初は、「クライアント・サーバー方式」といって、データや頭脳にあたる部分はすべて中央のサーバーにあり、そこへクライアントが情報を取りに行くような仕組みであった。

ところが一九九〇年代の半ばからインターネットが普及し、不特定多数のコンピュータが相互に情報を送受信する「ピアツーピア」（Peer to Peer）と呼ばれる仕組みが見られるようになってきた。

簡単にいってしまえば、クライアント・サーバー方式とは、一人の話し手がいて、ほかのみんなは聞き手だと位置づけられるような仕組みである。だがピアツーピアでは、全員が話し手であり、聞き手でもある。

これは人間のコミュニケーションに近いかたちだ。だからこそ、こんなにみんなが使いたがり、インターネットは急速な勢いで普及したのである。

ところが先に説明したように、現在のコンピュータのリレーショナル・データベースは、

「構造化」されたデータを処理するのには長《た》けていたとしても、不特定多数の「構造化」「半構造」「非構造」データの混在した情報を処理することは不得手である。ピアツーピアのインターネット環境では、不特定多数の人びとが不特定多数のデータをやりとりするのだから、当然、属性が「構造化」されていることなどありえない。解決するためにはIFX技術がいる。

これに対応できない、いまのコンピュータのデータベースは、「インターネット時代のデータベース」というよりは、むしろ「クライアント・サーバー時代のデータベース」というべき代物なのである。現在のウェブを、さらに知的で使いやすいものにしようと、セマンティックWebが研究、開発されているが、そういったものも含めて、将来のインターネットがそのパワーを発揮するためにも、IFXが必要なのだ。

このクライアント・サーバー型のリレーショナル・データベースは、演算機能を司るCPUなどのマイクロプロセッサや、コンピュータのシステムを管理・操作するOSと並んで、現在のパソコンの重要な構成要素となっている。ネットワークは進化しているのに、これらの仕組み自体は旧態依然。コンピュータが、もはやネットワークの足を引っ張っているのだ。

もともとパソコンの設計思想は、インターネットという環境の「足枷《あしかせ》」ではあっても、けっして促進するものではない。

そもそも、コンピュータは、「コンピュテーション（computation＝計算）・セントリック・アーキテクチャー」、要するに計算機能中心主義の設計思想である。計算をするためにつくられているのであって、コミュニケーションのためにつくられているものではないのだ。本来の目的と違うことに使っているからこそ、使いにくい。

私がよく用いる譬《たと》えでいうなら、鉛筆だって、二本あれば箸にもなる。とはいえ、鉛筆には芯もあるし、形も箸として使いやすいものではない。無理に鉛筆を二本使って箸代わりに使うくらいなら、箸をつくってしまったほうがはるかにいいに決まっている。

人間のコミュニケーションは、さまざまな機能の組み合わせによって成立している。情報の入り口として目や耳、ときには嗅覚も触覚も味覚も動員される。そして情報の発信にも口や手や身ぶり、また表情や文字など、ありとあらゆる機能が用いられている。

たしかにコンピュータでも、タイプライティングや手書き機能で文字の入力をし、通信を介してやりとりすることができる。音声機能を用いてボイスコミュニケーションもできるし、画像を通したビジュアルコミュニケーションもできる。それぞれの機能を細切れにして、それぞれにコミュニケーションに必要なことを実現してはいる。だが、全体を説明できる大きな理論がない。いわば、コミュニケーションという大きな働きをそれぞれに微分化しているのである。しかし、微分したものを積分してもけっして元にはもどらない。

しかも、もともと計算機能を中心として設計されたコンピュータの上で、それらのコミュニケーション機能を走らせているにすぎない。だから、「使っていることを感じさせない」ことなど、とうてい不可能なのだ。そこに、現在のコンピュータによるコミュニケーションの大きな限界がある。

くりかえすが、「コンピュータ・プラットホーム」と、「コミュニケーション・プラットホーム」とはまったく別物である。これは飛行機と自動車がぜんぜん違うのと同じだ。なるほど、飛行機にも自動車にも、エンジンと車輪がある。しかし、自動車はけっして飛ばない。原理原則が違うのだ。

コンピュータの仕事に携わっている人間で、このようなことを考えている人がどれだけいるだろう。少なくとも私は、アマゾンドットコムやグーグル米国本社に勤める人間で、そのことを真剣に考えている人に、あまり出会ったことがない。せいぜいコンピュータ時代のインターネットの使い方を議論する「Ｗｅｂ２・０」止まりだ。

だがそれは、思考が固定化してしまい、古びてしまって、もはや新しいことを発想できなくなっていることの、何よりのバロメーターではないだろうか。たしかにコンピュータはさまざまなことが「できる」機械ではある。だが、何かが「できる」ことと、それが「人間にとって使い勝手がいい」ということとは、明確に違うのだ。そのことを、もっと認識すべきであろう。

歪んだコンピュータ産業

さて、もう一ついえば、コンピュータ産業そのものの歪《ゆが》みも、とうてい許容できるものではない。

私が最初に「ポストコンピュータ」ということを真剣に考えたのは、一九九〇年代半ばのことであった。当時、私はボーランド社の会長も務めていた。ボーランド社は、「C＋＋」などのプログラム言語開発や、データベースなどに強みを発揮する、米国有数の総合ソフト開発メーカーであった。

ちょうどそのころは、マイクロソフト社がウィンドウズというOSを大々的に展開した時期であり、OSに加えて、アプリケーションソフトでも寡占《かせん》状態をつくろうとしていた時期であった。そのようなマイクロソフト社の動きを受け、結果的に、そのころアメリカで人気を博していたワープロソフトである「ワードパーフェクト」(ワードパーフェクト社)は、マイクロソフト社の「ワード」に敗れ、表計算ソフト「ロータス1-2-3」(ロータス・デベロップメント社)も、マイクロソフト社の「エクセル」に負けて、姿を消していくことになる。そして、そのほかの数多くの有力なソフトウェアも次々と敗れ去っていった。

ボーランド社は、マイクロソフト社に欠けている分野で強い技術力をもち、互角以上に対抗していた。だが、それに業を煮やしたマイクロソフトは、ボーランドの優秀な技術者の引き抜きにかかったのである。挙げ句の果てには、ボーランドの駐車場で、マイクロソフト側のヘッドハンターがボーランドの社員を口説いているのが発見されるような事態にまでなった。あまりに露骨《ろこつ》な、「勝つためなら何でもする」姿勢である。

私はこれを見て、このような体質がコンピュータのアプリケーションソフトまで制していくのなら、もはやコンピュータ産業の発展も終わるだろうと痛感した。新しい産業を生み出す源泉は「新技術」にこそあるのに、競合する企業の切磋琢磨《せっさたくま》がなくなってしまったら、そのような技術を開発する力は大きく削《そ》がれてしまう。知的工業製品の分野で一社独占の状況になってしまったら、技術進化が止まることは明々白々のことだ。

すべてのパソコン産業が、特定の一社のために貢《みつ》ぐような構造に、私は心底から嫌気が差した。

産業自体がここまで歪んでしまっていて、新しい技術を開発する力を失いつつあるのなら、なおもコンピュータでのネットワークを推し進めることに、どのような意義があるだろう。しかも、コンピュータはもともとネットワークのために設計されたものではない。人間にとって使いにくく、人間が機械に合わせなければいけない部分が多々ある。

これは本来的に間違っている。人間が機械に合わせるのではなく、機械を人間に合わせるような設計思想に変えていく必要があるのではないか。その考えが私をとらえた。

九〇年代の半ばまでは、私はベンチャーキャピタリストとして、コンピュータに関連する事業を中心に投資をしていた。幸い大きな会社になったけれども、このままでは将来性はないように思われた。

そこで私は、「パーベイシブ・ユビキタス・コミュニケーション」(Pervasive Ubiquitous Communications)、つまり「PUC」アーキテクチャーというコンセプトを考えた。「使っていることを感じさせず(パーベイシブ)、どこにでも遍在《へんざい》している(ユビキタス)、コミュニケーション機能」ということである。

このPUCの理論が自分の頭の中で形になるまでは一時投資を手控え、二〇〇〇年くらいから、このPUCの分野に投資を始めたのである。

PUCが暮らしを変える

PUCを構成する技術要素として、次のようなものが考えられる。

まず一つ目は、「計算」ではなく「相互通信機能」に特化したDSP（デジタル・シグナル・プロセッサ＝デジタル信号の制御装置）チップ。

二つ目は、ハードウェアと統合された組み込み型のソフトウェア。つまり、ハードとソフトの設計を統合し、互いに依存させることによって、ハードがソフトの性能を最大限に引き出せるようにするのである。PUCでは、OSは完全にリアルタイムのものとなり、ウィンドウズなどとくらべて、はるかに小さなものになるだろう。

三つ目は、ネットワーク・セキュリティの機能。

四つ目は、ピアツーピア型のコミュニケーションに最適化した、「IFX」理論に基づくデータベース。

五つ目は、中継用電話交換機の機能をＩＰ網とその上のソフトウェア処理で代替する「ソフトスイッチ」技術、ならびに、ネットワーク上でデータをやりとりするうえで必要なデータ圧縮の技術。

六つ目は、動画処理の技術と、ネットワーク上でデータをやりとりするうえで必要なリアルタイムデータ圧縮の技術。たとえば、ハイビジョンの画像をリアルタイムで一メガビット／秒（または五〇〇キロビット）まで圧縮でき、しかもモザイクなどのブロックノイズなどが絶対に出ない「人間の目」のような動画処理技術である。

この概念に基づいて、私はいま挙げたような技術を一つひとつ発掘し、育て上げようとしている。一つの技術の完成のメドが立つのが、平均しておよそ七年前後だろうか。これまで二〇くらいの技術に取り組み、半分くらいが進行形で、半分くらいが失敗。大会社にまで育ったのは三社ほどである。

もちろん、いま手がけているものが成功するかどうかはわからない。だが、あといくつか完成すれば、ＰＵＣに必要な技術は出そろうことになる。そうすれば、このＰＵＣの技術を基本設計思想に取り入れたＩＴ製品が、電話や家電などさまざまな分野で登場してくることになるだろう。

たとえば、動画像のリアルタイム圧縮技術としてXVD技術がある。この技術を使えば、先ほど挙げたように、一九二〇×一〇八〇というエンコードフォーマットのフルハイビジョン画像を、一メガビット／秒以下のレートでリアルタイムに圧縮できる。

通常であれば、ハイビジョン動画像は最低でも一〇メガビット／秒くらいの安定した帯域（情報が流れる管の太さと考えていただければわかりやすい。水道管が太ければ水もたくさん流れるのと同様である）を保証できる光ファイバーのようなブロードバンド回線でなければとても送受信できないが、XVDの技術を使えば、光ファイバーよりも送受信速度の劣るふつうの電話回線でも高画質な映像を送ることができるのである。

速い動きへの追従性もよく、手を振るような動作をしても、画面がモザイク状に崩れずにきれいに再現する。画面の向こうの人が黒板に書いた文字も、はっきりと読むことができる。この技術を使えば、高額の専用回線使用料を払わずとも、テレビ会議を行なうことが可能だ。

しかもこれは現時点ですでに、パソコンを使わずとも弁当箱程度の大きさの装置を一般公衆回線インターネットに接続すれば、送受信することが可能になるのである。

たとえば、この技術と、ピアツーピア型のデータベースが融合したら、どのようなことが可能になるだろう。人間のもって生まれた感覚を使うだけで、どのような情報でも検索しながら、友人どうしでお互いの映像をやりとりし、何人もの人とコミュニケーションすることも可能になるだろうし、いま見たい映像を簡単に選び出せて、すぐに入手することもできるようになるだろう。自分で映像を発信することもずっと容易になるだろうし、遠隔教育や、遠隔医療もスムーズにできるようになる。つまり、暮らしはずいぶん大きく変わるのだ。

ポストコンピュータの時代には、それぞれの人間が考えたことを、パーベイシブ（使っていることを感じさせず）に、自然に表現し、伝え合うことができるようになる。それこそが「機械を人間に合わせる」ということの意味なのである。

いま、コンピュータの世界でも、ユビキタス・コンピューティングという言葉が使われている。いつでも、どこでも（ユビキタス）コンピュータを使えて、ネットワークにつながられるようにするという発想で、さまざまな通信接続の仕組みも考えられ、それにともなってさまざまな機能も開発されている。だが、基本の設計思想が変わらなければ、かえって使いづらい機械が増えるだけである。

いまのPDA（携帯情報端末）はほんとうに使いやすいだろうか。使っていることを感じずに使いこなすことができるだろうか。あるいは、いまのデジタル家電はほんとうに使い勝手がいいだろうか。多くの人が使いこなせているだろうか。

ｉＰｏｄのような家電製品やその類似品も単機能のうちは使いやすいが、複雑化すると、現在のコンピュータ用のソフトウェア的発想で機能をまとめようとするので、たちどころに使いにくくなる。最近の携帯電話もユーザーインターフェースを最大限工夫して使いやすくしているが、進化すればするほど中身はコンピュータ化し、ユーザーはその機能を理解することすらできなくなる。

ＰＵＣはいまだ、中身のソフトウェアの構造が確立しているとはいえない状況である。あくまで、次の基幹産業の萌芽《ほうが》にすぎない。

気をつけねばならないのは、いよいよＰＵＣが実現できることになったときに、またアングロサクソンがそつなく先にやりだして、日本人の西欧コンプレックスや、外国かぶれをうまく利用し、彼らの手で標準がつくられてしまうことである。いつのまにか日本が後追いになってしまわぬように、率先して目標を掲げ、それを語り、実現し、仕組みをつくっていくべきだ。日本人にはそれができるだけの力があるだけに、私はそう強調したいのである。

この段階で、基本の設計思想を明確に固め、それを掲げてみずからの手で実現していくことがなんとしても重要だ。はたして日本がその役割を担うことができるか。そこがまさに問われているのである。

Ⅲ 「実業立国」日本が世界を制する

中国やインドを脅威とする愚

ＰＵＣの技術要素として、「ハードウェアと統合された組み込み型のソフトウェア。つまり、ハードとソフトの設計を統合し、互いに依存させることによって、ハードがソフトの性能を最大限に引き出せるようにする」と書いた。

じつはここが日本にとって重要なところである。

これまで述べてきたように、コンピュータ産業というのは、コンピュータの「計算機能」の上で、「表計算」や「ワープロ」から「メール」「インターネット接続」まで、さまざまな機能を動かしていたわけである。

じつはコンピュータは日常的な使用では、そのＣＰＵの三パーセントぐらいの能力しか使っていない。本来の能力を使い切っていないわけだ。コンピュータのＣＰＵがあれほど熱くなるのも、無駄に動いているからだ。

これは携帯電話がそこまで熱くならないこととくらべればよくわかる。携帯電話はハードとソフトが統合された設計になっているので、ハードとソフトのそれぞれの性能を効率よく使っているのである。

いうなればコンピュータ産業は、ハードウェアとソフトウェアとを完全に分離しているのだ。ハードウェアは、ともかくある程度、高性能な計算機能を装備したものを「標準的なもの」として用意しておけばよく、そこで動かすソフトウェアこそが大きな利益をもたらす付加価値の源泉だったのである。

アメリカ企業は付加価値の高いソフトウェアを手元に残し、付加価値の低いハードウェア組み立て産業は台湾や中国などアジアが手がけることとなった。アメリカがＩＴで発展してきた構造とは、そうしたものだった。

だが、そのためにアメリカでは、ハードウェアをつくりあげる力が圧倒的に低下してしまった。もし、ソフトウェアの性能を最大限に引き出すために、ハードウェアとソフトウェアを統合した「エンベデッド」（組み込み）技術が必要な時代がやってきたとしたら、もはやアメリカにはそれに応えるだけの力はない。

ハードウェアとソフトウェアの両方をみずからの手でつくりあげ、それを統合して高度な知的財産を築き上げられるインフラ基盤があるという点で、圧倒的にトップの位置に躍り出るのは、なんといっても日本である。

日本は江戸の昔から寺子屋があって教育はずいぶん進んでいた。近代化の歩みを始めた当初から幅広い階層に高い水準の教育が行き渡っており、識字率もきわめて高かった。しかも、日本は伝統的にものづくりに誇りをもち、世界に冠たる精度と性能と感性を備えた工業製品を生み出しつづけてきた。そしてこれだけの先進国になったいまでも、アメリカとは違い、けっしてその力をみずから捨てようとはしなかった。

前章でも述べたとおり、次の時代の知的財産を製品として実現しようとした途端に、まずは日本に来ざるをえない状況がこれから当分のあいだ続く。これは何にも替えがたいアドバンテージだ。

もっとも複雑なものを高度につくりあげる技術と実力をもっていることを、日本人はもっと自覚すべきである。

よく、中国やインドを脅威とする論調が見られるが、それ自体がまったく間違っている。

日本からすれば、中国やインドは恐れるに足りない存在であるはずだ。

中国もインドも、統計上、人口も増え、富裕層が増えてきているように見えているが、実態をいえば、金持ちは社会のほんのひと握り。その富裕層の増え方よりも、貧民層の増え方のほうが激しい。しかも貧富の格差がますます広がり、富裕層が貧困層の人びとを人間とも思っていないようなところがあることも否定できない。

そのような国が、将来的にどうなっていくだろうか。そして、そのような国で、お互いに知恵を出し合って磨き合う製造現場が確立できるだろうか。

そう考えれば、必要以上に日本がインドや中国に追いつかれることを心配して、それへの対処に力を削ぐよりも、むしろ日本がすでにもっている優位性を高める努力を重ねたほうがはるかに有益であろうことは、自明のことではないか。

新しいサービス業を立ち上げよ

日本の企業によって未来的な事業が具現化する一つの事例として、日本の有力メーカーとアメリカのキャンジェン・バイオテクノロジーズとの「肺がん早期発見技術」の共同開発の例を挙げよう。

これは、ヒトゲノムのなかで肺がんのときに特異的に変化するたんぱく質を指標（マーカー）として調べることで、肺の組織が、がんかどうかを判別し、「肺がんの早期発見」を、いままでのどの手法よりはるかに正確で、しかももっとも安価に実現しようという試みである。ジョンズ・ホプキンス大学で生まれた発明をキャンジェンの創業者が完成したのだ。

この技術を用いれば、病変が小さいうちでも、血液を検査するだけで調べることができる。ただし、血液を検査するためには、きわめて高度な検出性能が必要となる。

キャンジェンは、このようなバイオマーカーを用いたがんの早期発見で高い技術をもつ会社だが、まさにこの発見を具体化させて事業化しようとするときには、大日本印刷が開発した高度な検出技術が必要となるのである。

さらに、多くの人びとを対象として分析していく過程において、先述したＩＦＸの技術が不可欠となる。すでにキャンジェンは、ＩＦＸを活用すべく、デフタ・テクノロジーとＲＯＩと共同開発のフェーズに入っている。

日本は、このような大きな可能性を秘めた技術が世界から集まるようにすればよいのである。

これは、ある意味ではハードウェアとソフトウェアが融合していく時代の一つのモデルを示しているといえる。血液の分析でがんが発見できるというのは、まさに一つの「コア技術」である。それを具体化しようとしたときのもっとも有力なパートナーが、高い技術力を誇る日本企業なのだ。

「コア技術」をもったキャンジェンが、いくつかの日本のメーカーと組んで、アプリケーション・テクノロジーを完成させる。そして、この技術を用いて、肺がんの早期発見のサービス業を立ち上げる。そうすれば、これまでのがん検査法よりも、はるかに簡易かつ安価に検査することができるようになるだろう。

非常に安くて安全ながん発見の事業モデルができれば、社会全体で見た場合には、何千億円もの医療費を削減できる。GE（ゼネラル・エレクトリック）などがつくるPET（陽電子放射断層撮影装置）など、それ自体で検査被曝《ひばく》し、設備投資コストが大きいために患者の負担も大きいシステムとは異なる、キャンジェンの早期がん発見の手法が、エンドユーザーである患者の支持を得ることは間違いない。

このように新しい技術をもとにしたハードとソフトが一体化した新しいサービス業の形態を、世界に先駆けて日本で実現するのだ。

さらにそのような予防医学のシステムを、ヨーロッパやアメリカの製薬会社や医療サービス産業に売っていくことだって可能だ。そのときには、多額のライセンス料が日本に還流することにもなるだろう。「コア技術」をもとにシステムをつくりあげ、そのシステムで稼ぐ。これぞまさに、きわめて明快な事業モデルである。

これではっきりおわかりいただけると思うが、技術の議論なくして付加価値の高いサービス業は成り立たないのだ。脱工業化社会とか、サービス産業化社会とか、金融立国などという、聞こえのよいもっともらしい言葉はまやかしにすぎない。シンガポールのような小国では成り立っても、人口が多く、世界経済に占める割合の高い日米欧では通用しない。サービスや金融は、実業、産業があってはじめて成り立つのである。人間がいるから服をつくるのであって、服があるから人間が存在するのではない。

また、産業の構造改革とはこのようなことを指すのであって、これから成熟化するＩＴ産業のネットビジネスなどにシフトしていくことではない。

まして、財政の出動や公共事業の拡大などは、国の借金を増やすだけで、将来の日本にとってたいへんな損失となるばかりだ。

「より強い力」でぶつかれ

「コア技術」を手にすることができ、それを具体化させられる「エンベデッド」技術があれば、このような事業モデルをどんどん展開できるということだ。技術を基盤とし、そのパテントに守られたビジネスモデルは、圧倒的な強みをもっている。日本がめざすべきは、まさにその姿なのである。

自分以外がみなアメリカ人やイスラエル人やフランス人などといった会社を経営していると、いかに彼らが「強い者の論理に合わせ、相手を無理やりにでも改宗させようとする」ような考え方を、その思考のベースにもっているかを痛感することが多い。

あるアメリカのシンクタンクの会合に参加したときにも、「日本が発展するためには、もっとアメリカの仕組みを導入すべきだ。問題は日本の非関税障壁で、なかでもいちばん厄介《やっかい》なのは『日本語』だ。日本人が英語で思考するようになってシンガポールのようになれば、日本はきっと幸せになるだろう」などということを本気で議論しているシーンに居合わせたことがある。

参加者たちは、私が日本人であることを忘れてそんな議論をしていたわけだが、こちらからいわせれば、そんなことを本気で実行されたら、たまったものではない。

イラクも同様だ。繁栄のためには、米国型の資本主義と民主主義を導入することがいちばんイラク国民にとって幸せだと本気で信じている米国知識階層も多い。しかしこれも、じつにありがた迷惑な話である。

だが、相手の土俵に組み込まれてばかりいたら、いつまでたってもそのような議論の枠組みから逃れられない。

たしかに日本は、明治維新以来、西洋の基幹産業のあとを追って成長してきた。その過程では、たしかに「まずは相手の土俵に上がる」ことも多かった。ヨーロッパやアメリカから、いろいろなテクノロジーやビジネスモデルを取り入れることによって、はじめて発展できたのも事実だ。

しかし、みずからが基幹産業を生み出す立場に立ったときには、「力」に対して、「より強い力」をもってぶつかっていくことも必要である。その「より強い力」こそ、画期的な「コア技術」と、それを具現化できるものづくりの高い技術力なのだ。

いつまでも欧米のビジネスモデルや新技術の尻馬に乗って儲けようという考えでいてはい

けない。みずからの「より強い力」で新たなビジネスモデルや製品群を生み出し、それが日本から世界へと流れていく仕組みをつくり、ひいてはそれを一大基幹産業へと育て上げる。そのことこそが肝要なのだ。

このような流れをめざして日本の多くの人びとが動き出してこそ、日本はヨーロッパやアメリカから一目置かれる存在となるだろう。そして五年後、十年後には、金融バブルで疲弊したアメリカやヨーロッパにとって、日本は「実業立国」をなしえたモデルとして、必要不可欠の国になることは間違いない。わが国がそれを実現できる最短経路に立っていることを、日本人は心すべきである。

第四章 途上国援助の画期的実践

——日本人によるおもしろくて、採算も取れる活動を

I 最新テクノロジーで「貧困」に挑む

成功モデルを広げていこう

これまでの章で、「日本に住む日本人にとってすばらしい日本」「先進国から必要とされる日本」という二つを述べてきた。この章では、「発展途上国から必要とされる日本」について考えてみたい。

日本は、いうまでもなく豊かな国である。日本だけにいると、その豊かさが実感できないかもしれないが、一歩外に出てみると、日本では考えもつかないほどの貧しさが広がっている。

後発発展途上国（ＬＤＣ＝Least Development Countries）と呼ばれる国々がある。発展途上国のなかでもとくに開発の遅れた国々で、その定義は、一人あたりＧＮＩ（国民総所得）

世界のLDC分布図

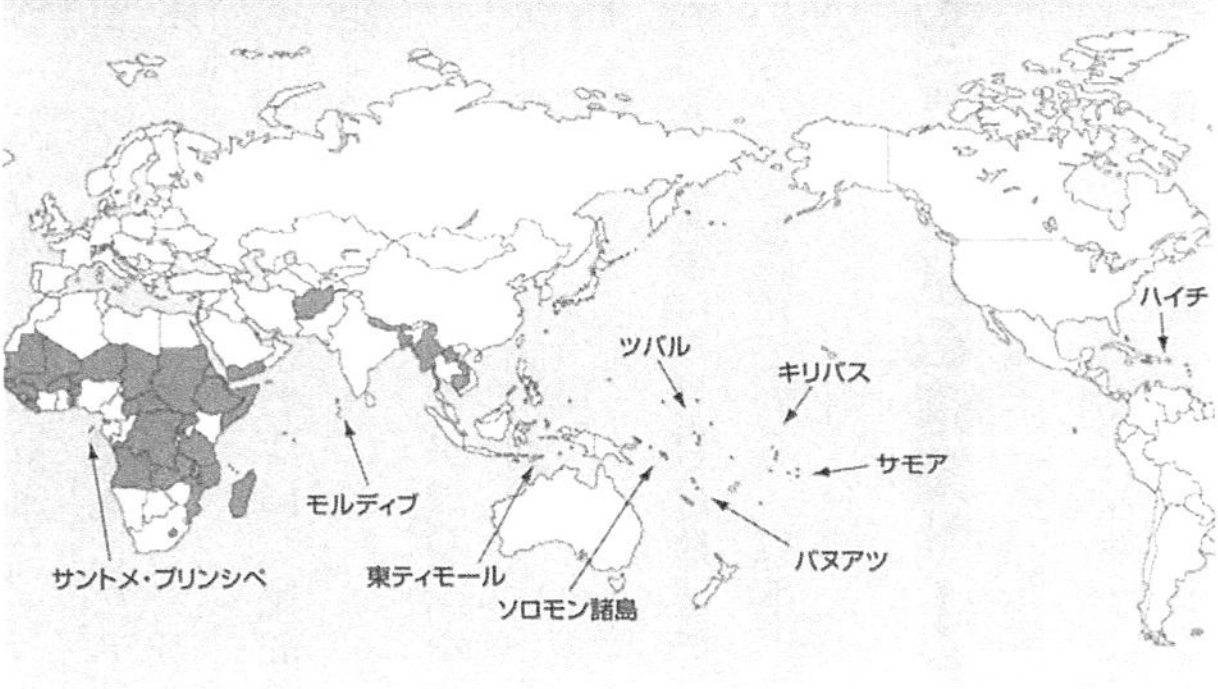

（出所）外務省

が七五〇ドル未満、五〇パーセント以下の識字率、高い幼児死亡率、経済的脆弱《ぜいじゃく》性などである。

アジアで一〇カ国（アフガニスタン、バングラデシュ、ブータン、カンボジア、ラオス、モルディブ、ミャンマー、ネパール、東ティモール、イエメン）、アフリカで三三カ国（アンゴラ、ベナン、ブルキナファソ、ブルンジ、中央アフリカ、チャド、コモロ、コンゴ民主共和国、ジブチ、赤道ギニア、エリトリア、エチオピア、ガンビア、ギニア、ギニアビサウ、レソト、リベリア、マダガスカル、マラウイ、マリ、モーリタニア、モザンビーク、ニジェール、ルワンダ、サントメ・プリンシペ、セネガル、シエラレオネ、ソマリア、スーダン、トーゴ、ウガンダ、タンザニア、ザンビア）、大洋州で五カ国（キリバス、サモア、ソロモン諸島、ツバル、バヌアツ）、中南米で一カ国（ハイチ）の四九カ国が数えられている（二〇〇九年三月末現在）。

驚異的な経済発展を実現したアジアの国として、日本はこれまでも海外援助をはじめ多大な国際貢献をしてきた。しかし、私はまだまだやれることがたくさんあると考えている。しかも、国の税金を使わずに、民間の力を生かして、もっとも喜ばれる仕組みをつくることが可能なのである。

一つ目は、最新テクノロジーを活用することによる貧困の撲滅《ぼくめつ》。二つ目は、民間の力で進める飢餓と栄養失調の劇的改善。そして三つ目は、マイクロクレジットなどを通じた生活の向上である。

私は先ほど挙げたＬＤＣ地域でモデルとなるような事業に取り組み、その成功体験を広げていきたいと考えている。以下、それぞれ紹介していくこととしよう。

教育や医療の遠隔サービス

ＬＤＣが、貧しく厳しい状況に陥ってしまっている最大の問題は、識字率に代表されるように教育水準が低いためになかなか産業が発展しないこと、そして幼児死亡率に代表されるように医療水準が低いことにある。

まず考えるべきは、この「教育」と「医療」に最新テクノロジーを使ってメスを入れていくことである。具体的に何をするかといえば、最新テクノロジーを活用して、精細なハイビジョンやDVDクオリティの対話型動画通信で、教育や医療の遠隔サービスができないかということだ。

たとえば、途上国の地方部では、広い地域に人びとが散在し、人口密度はけっして高くないケースも多い。そういう場所では、医者を万遍《まんべん》なく配置していくのは困難なことである。

そこで、大きな町にいる医者と地方とを高精細な映像の双方向通信で結ぶのだ。高画質映像だから、患部の具合や患者の顔色なども鮮明に伝わる。双方向通信のメリットを生かして問診を行ない、的確な診断を下して対処をしていければ、医療環境は効率的に、そして劇的に改善されるだろう。

教育もそうだ。途上国においては質の高い教師を確保するのは困難なことである。医師と同じく、人口密度の低い地域にまで万遍なく教師を配置するのも困難だ。

だからこそ、都市と地方とを高精細映像でつなぎ、そこで授業を行なう仕組みをつくるのである。さらにハイビジョンの双方向通信ができれば、黒板の板書の文字もはっきりと判読できる。質問なども受けながら、リアルタイムで授業を展開することができるようになるのだ。

このような事業を展開するために、諸条件を検討し、最初のモデルとして選んだのがバングラデシュである。

まず取り組んだのが、バングラデシュ最大のNGOであるBRACと組んで、新しいユニークな事業モデルを立ち上げることであった。BRACが四〇パーセント、われわれデフタ・グループが六〇パーセントを出資して、bracNETというデータ通信と音声通信をめざしたワイヤレスブロードバンド・インターネット接続会社を設立したのである。

BRACの正式名称は「Bangladesh Rural Advancement Committee＝バングラデシュ農村向上委員会」。農村部を中心とした貧困層を対象に、マイクロクレジットや教育、技術訓練、保健プログラムなどさまざまな自立支援を行なっている世界有数の規模を誇るNGOである。

BRACを選んだ理由は、教育や医療の分野に対しての向上を図ろうというわれわれの目的と合致したのみならず、みずからの事業に使う資金の八〇パーセントをみずから稼いでいることにあった。一〇万人を超える従業員を抱え、七〇〇〇万人の雇用を創出しており、会員は五〇〇万人にも上っている。

ふつうNGO、NPOというと、ほとんど全部を寄付に頼っているわけだが、BRACはみずから稼ぐことによって、活動の持続性も高く、NGOでありながら企業と同じように、たとえばコスト削減に関しても非常に緊張感のある組織になっていた。そこが合弁の相手として非常に気に入ったのだ。

このBRACと組んだbracNETは、まずワイヤレスブロードバンドのインフラ整備から手がけた。そして二年間でこの分野ではバングラデシュ有数の会社になったので、二〇〇八年、固定電話会社の買収も行なった。今後は無線と有線のデータ通信と電話の通信を統合することも可能だ。

現在、従業員は三〇〇名以上いるが、経営の心や技術をバングラデシュの人たちに移植しようという意図から、スウェーデン人一名を除いて、日本人も含めてだれも従業員に外国人はいない構造をつくった。経営陣となる取締役はいまのところ外国人が多いが、私は、「会社は株主のもの」というアメリカのような考え方で経営しては、この事業は成功しないと役員全員に話している。

途上国を一気に最先端へ

この会社には、二つの大きな仕掛けがある。

一つは、利益の四〇パーセントを、教育および医療といったことに対する貢献に使えるような仕組みをつくっていることである。

通常の株式会社の場合、たとえば一〇億円の税引き前利益があった場合に、まず法人税として五割を取られて利益は五億円となり、その五億円のうち、約八割にあたる四億円を株主配当金として株主に分配するから、内部留保に相当するものは一億円しか残らない。「教育や医療などのために利益の一部を使うべきだ」と頑強に主張する私のような取締役がいたとしても、社会貢献にはせいぜいそのうちの二五パーセントくらいしか充てられないだろう。つまり、そのような目的に使えるのは二五〇〇万円ということだ。

しかし、ｂｒａｃＮＥＴの合弁相手はＢＲＡＣというＮＧＯである。日本においても特定公益増進法人と認定されると、寄付金控除などさまざまな税制上の優遇を受けることができるように、バングラデシュでも税の減免を受けることができる。ｂｒａｃＮＥＴで上げた利

ビジネスと公益事業の資金の循環

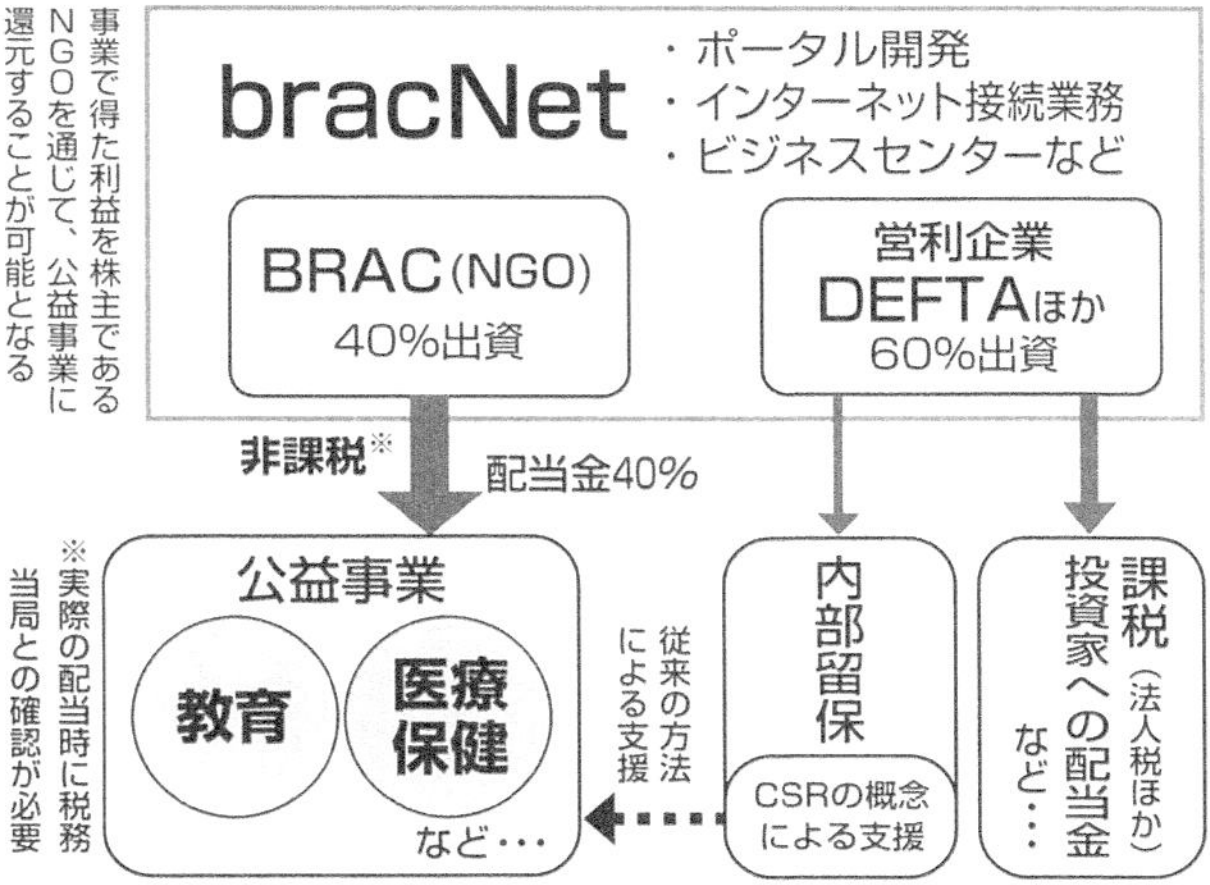

益は、出資分に応じて四〇パーセントがＢＲＡＣに還元され、ＮＧＯということでこの配当金は非課税扱いになって、教育や医療のために使うことができる。

仮に先ほどのように税引き前利益が一〇億円あったとしたら、四〇パーセントにあたる四億円〜二億円（税率五〇パーセントの法人税を払った場合）を社会貢献に使えるということである。先ほどの株式会社の場合の二五〇〇万円とは、まさに桁違いの金額だ。

話はそれるが、日本でも税制を変えて、稼いだお金の全部、または半分くらいまでは公益のために使えるような、そういったタイプの株式会社をつくることはできないだろうか、と私は考えている。日本は先例主義の国でもあるから、まずは外国、しかも英米法の国で実例をつくったほうが早いということもあるだろう。じつはｂｒａｃＮＥＴを、そのような先例として示したい、という思いもあるのだ。

さて、このｂｒａｃＮＥＴのもう一つの大きな仕掛けは、新しい技術を使うことによって、必要な投資金額を劇的に安価にしていく、ということである。

先ほどのようなハイビジョンの双方向通信や、あるいは教育や医療のコンテンツを流していくことを実現するために、先進諸国のように全国を結ぶ光ファイバー網を構築しようとしたら、膨大な資金が必要となる。たとえばバングラデシュに光ファイバーを敷きつめると、軽く一〇〇〇億円くらいは必要になるという試算もある。

そこで、ＸＶＤの技術を使うのである。ＸＶＤについては、すでに第三章でもふれたが、この動画像のリアルタイム圧縮技術を使えば、一九二〇×一〇八〇というエンコードフォーマットのフルハイビジョン画像を、一メガビット／秒以下のレートでリアルタイムに圧縮できる。速い動きへの追従性もよく、手を振るような動作をしても、画面がモザイク状に崩れずにきれいに再現する。しかも、送る画像の中身が外部から覗き見されない点でも圧倒的に優れており、そのうえ電力使用量が小さいので、小型化でき、電池も軽くてすみ、持ち運ぶのも簡単だ。

通常であれば、ハイビジョン動画像は光ファイバーのようなブロードバンド回線でなければとても送受信できないが、ＸＶＤの技術を使えば、光ファイバーがなくても、送受信速度の劣るふつうの電話回線でも高画質な映像を送ることができるのである。

この技術を使えば、バングラデシュでも従来の電話網と新たな簡易無線広帯域通信網の組み合わせですむので、インフラに関する投資は劇的に軽減される。われわれの試算では一〇分の一以下ですむ。光ファイバーでやろうとしたら、ＯＤＡを湯水のように投入しても、とてもやりきれないだろう。だが、ＮＧＯと連携し、最新技術を使うことで、民間の事業としてここまで進めていくことができるのである。

また、ワイヤレスブロードバンドについても、二〇〇五年から、ＷｉＭＡＸという次世代通信技術を導入している。最大七五メガビット／秒の速度で、最長五〇キロメートルの伝送が実現され、バングラデシュの首都ダッカを、五つの基地局でカバーできる。古い技術を使うより、はるかに合理的なのだ。ＷｉＭＡＸは、わが国でも二〇〇九年に実用化が期待されている。

最貧国とはいえ、ダッカには一五〇〇万人の人口があり、そこをねらって日本や欧米の会社も進出している。そういう会社の多くは極悪なインフラのなかで、インターネットの接続にも困っているわけだから、われわれが最新技術を使ってサービスを提供すれば、次々と得意先が増えていく。こうした顧客から上げた利益を、ＢＲＡＣを通じてバングラデシュの農村部の貧困解消に使っていけることは大きな意味をもつ。

インフラが整っていない発展途上国は、逆にいえば、それだけ最新の次世代技術を導入することが容易ということだ。なにも効率の悪い、何世代も前の技術を導入する必要はない。最新技術が、費用対効果ももっとも高く、一気に発展途上国を最先端へと引き上げるのである。

アメリカのビジネススクール出身の人間にいわせれば、「ＸＶＤはじめ最新技術の普及をねらうのなら、いちばんマーケットが大きく、いちばん儲かるアメリカ市場をねらうべきであって、バングラデシュなどでやるのはＲＯＥを下げ、株価を下げることにしかならない」ということになるだろう。しかしこれこそ、何のために事業をやっているのか、何のために利益を上げるのかをまったくわかっていない、とてつもなくズレた発想である。

会社のもつ技術を使って世の中に貢献し、その結果として利益も上がる。利益が上がるから、また貢献できる。このくりかえしこそが事業なのだ。そしてそれを実行するもっとも大切な主役は株主ではなく従業員であり、そして、その技術を喜んで使ってくださる地域の顧客なのである。この基本を忘れてはならない。

バングラデシュという後発発展途上国で、最新技術が世の中に貢献し、しかも利益も上げている。本来ならば、こういう企業こそ株価が上がって然《しか》るべきではなかろうか！

NGOとの連携と最新技術の活用により、利益の四〇パーセントもの金額を効果的に社会貢献のために使っていけるわれわれのモデルには、世界からの注目も集まっている。世界銀行もこれに注目し、機関誌のなかで、われわれのバングラデシュでの事例を詳細に説明した。

このようにして、デフタ・ｂｒａｃＮＥＴモデルと名づけられた手法は、途上国支援のモデルとして世界に広まりつつある。テクノロジーで貧困の問題を解決していく一つ目のモデルは、着実に芽吹いているのである。

Ⅱ 国連旗の下での民間による支援

スピルリナ・プロジェクト

いま述べてきた「教育や医療にテクノロジーを使ってメスを入れていく」のはたいへん重要なことだが、しかし、それよりも緊急度の高い問題があることも確かだ。それが「飢餓」である。

教育を受ける前に、医療を受ける前に、餓死してしまっては何にもならない。そして現実に、五秒に一人の子どもが飢餓で命を落としている。世界で八億五〇〇〇万人の人びとが飢えに苦しみ、飢餓と栄養失調、そしてそれらが原因となる感染症で、子どもを中心に、毎日四万の人びとが命を落としているのである。

飢餓の問題では、これまで、WFP（国連世界食糧計画）やFAO（国連食糧農業機関）やユニセフなどをはじめ、世界のさまざまな機関が、主として小麦や米、とうもろこしなどを中心とした食糧援助を行なってきた。だが、それらからは、炭水化物などは摂取できるものの、その他の栄養素がふんだんに含まれているわけではない。栄養失調を改善できないケースも、けっして少なくはなかった。

そこで私が考えたのは、スピルリナという長さ〇・五ミリほどの微細な藻《も》を普及させることで、たんぱく質不足への対策の決定版とすることである。スピルリナは、約三十五億年前に誕生して以来、幾多の環境の厳しい時代を生き抜いてきた生命力の強さを誇り、高たんぱく、高ビタミン、高ミネラルである。

たとえば、たんぱく質の含有量を見ると、牛肉が一九・七パーセント、大豆で三五・五パーセントなのに対して、スピルリナは六五〜七〇パーセント。アミノ酸スコア（人体を構成するアミノ酸の充足率）も一〇〇で、鶏卵や牛乳と同レベルとなっている。

しかも、スピルリナは、きわめて生産性が高い。牛肉の場合、一キログラムのたんぱく質を得るのに、一〇五トンの水と一九〇平方メートルの土地が必要で、大豆の場合は同じく九トンの水と、一六平方メートルの土地が必要だが、スピルリナから一キログラムのたんぱく質を得るには、二・一トンの水と、〇・六平方メートルの土地があればいいのである。しかも、悪条件でも生育が可能である。

あらゆる意味で、まさに理想的な「たんぱく源」なのである。このスピルリナを使えば、間違いなく効果的に飢餓に直面する地域の栄養不良を改善し、栄養失調が原因で引き起こされるさまざまな病気を撲滅していけるだろう。

だが私は、これをたんに旧来のように援助するだけでは、あまりに物足りないと考えた。とかく日本人は、ユニセフなどといった国際機関にお金さえ渡せば国際貢献できたと考えがちである。しかしそれでは、現地からすれば、日本の存在感など何もないのである。

もちろん、「よいこと」はだれがやっても「よいこと」である。だが、私はそこであえて「日本人の顔が見える支援のかたち」にこだわりたかった。いま日本政府も「海外青年協力隊」という立派な活動を展開している。かなうなら民間の立場から、このような活動を補完できるような事業を進めたいと思った。

民間では、いま積極的に活動しているNPOも数多い。だが全体としてみれば、玉石混淆《ぎょくせきこんこう》の状態であることは否めない。そして相手国政府および相手国の人びとから見ても、どのNPOがいいのかということがはっきりとわかりづらくもあろう。

そこで私は「国連旗の下での民間による新しい途上国支援」というスキームを考えた。国

スピルリナ・プールとスピルリナ・パウダー

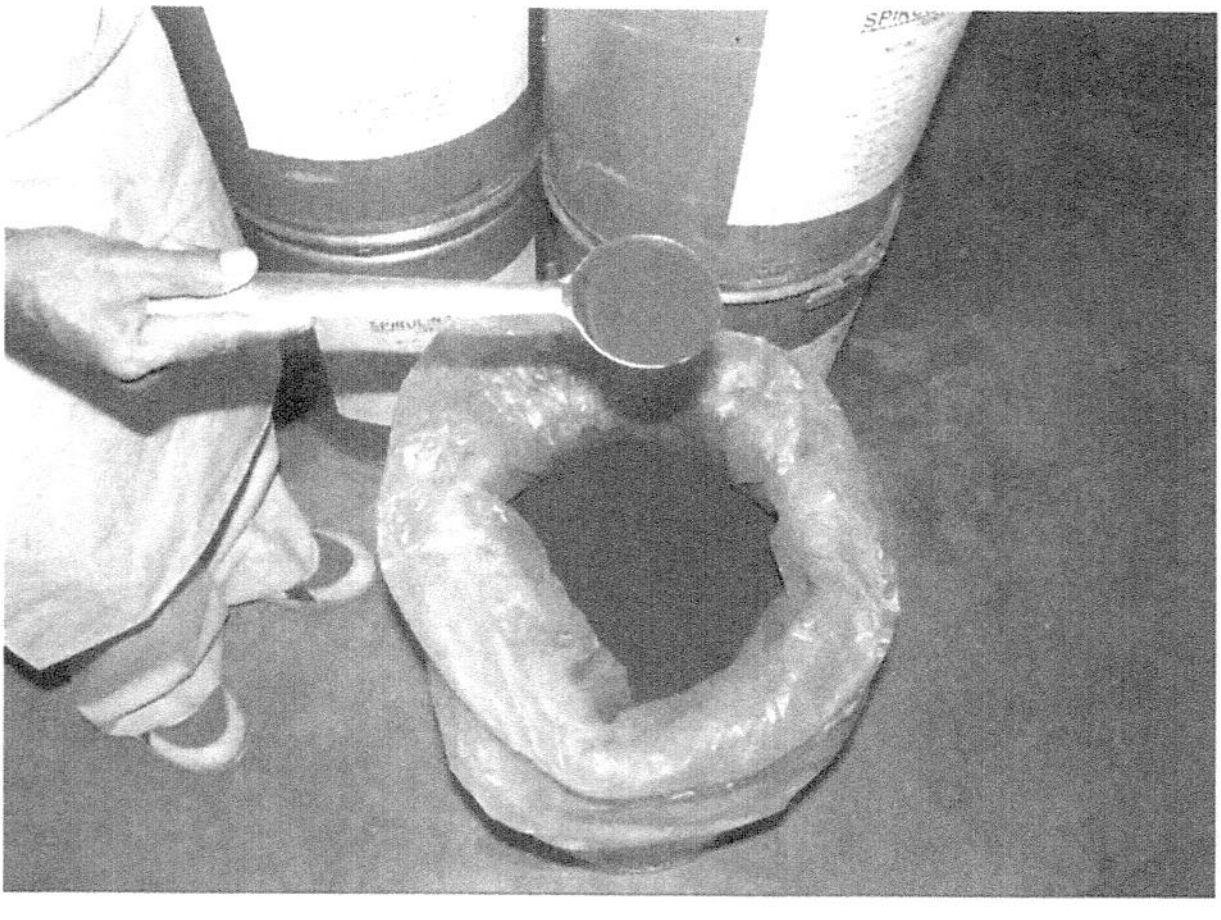

連は戦後、途上国におけるさまざまな活動を通じて、脈々と信用を築き上げてきた。かたや民間の事業には、「無駄をなくし、節約しよう」という考え方や知恵がある。この国連の旗印と、民間の力をベストミックスさせるのだ。

国連でも「グローバル・コンパクト」というスキームなどが打ち出され、民間の活力を取り入れていこうという機運はあったが、実際には必ずしも順調に事が運んでいない状況があった。であるならば、実例を日本がつくればいいではないか。それは日本のためでもあり、国連にとっても画期的であり、しかも日本の税金を使うわけではないから、日本政府にとってもいい。まさに一石何鳥だ。その思いから、私は独自のスピルリナ・プロジェクトを手がけることとした。

このプロジェクトで、国連側の受け手となる機関がＩＩＭＳＡＭ（Inter-governmental Institution for the use of Micro-algae Spirulina Against Malnutrition）である。この機関は、栄養失調対策としてスピルリナの利用・普及が有効であるという考えに基づき、二〇〇三年三月五日付の決議（Ｅ／２００３／２１２）を受けて、国連経済社会理事会の常任諮問団として設立されたものである。

私は二〇〇七年一月にこの国際機関の特命全権大使の命を受け、東京に日本代表部を設立

IIMSAMとアライアンス・フォーラム財団

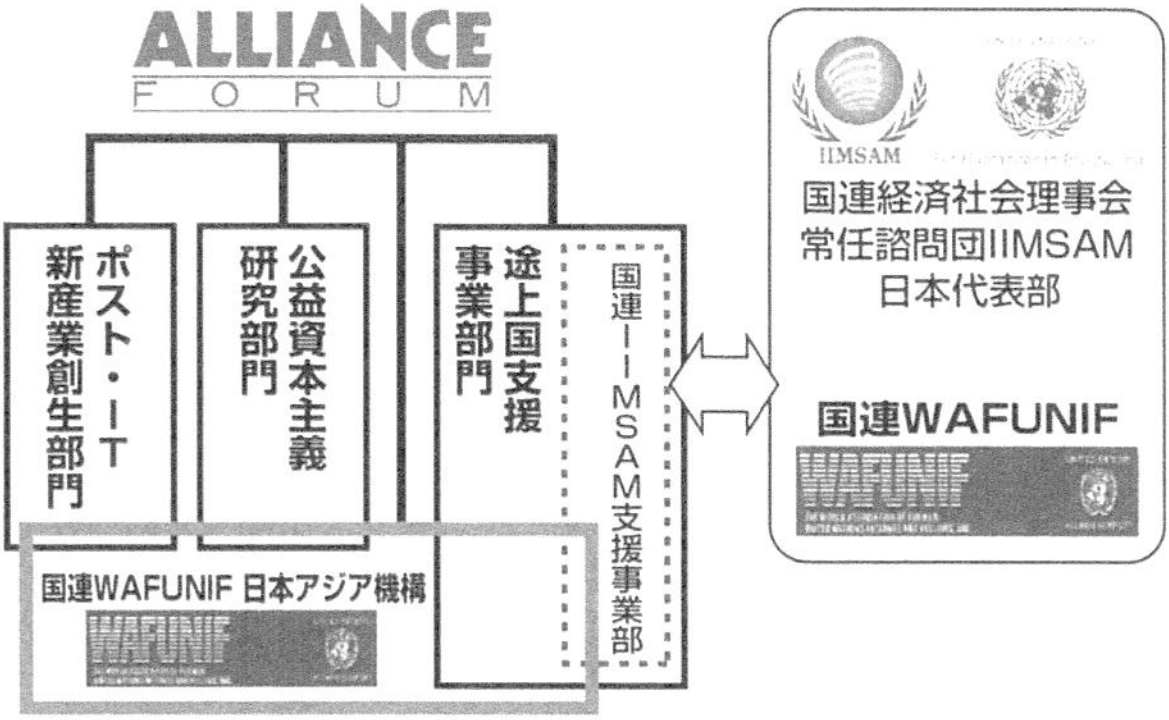

した。そして、この国連ＩＩＭＳＡＭ日本代表部が、アライアンス・フォーラム財団（アメリカのハイテクベンチャー企業と日本の大企業との戦略的アライアンス〈連携〉を促進し、知識集約型の経済およびインフラの価値創造のため活動することを使命として、私が一九八五年カリフォルニアにて創設した財団法人。九〇年代後半からは、ＩＴの次の基幹産業を生み出す新しい技術・産業の議論と育成、株主利益を最優先する米国型の企業経営の問題点を解決する新たな経営哲学・公益資本主義の議論と研究、および教育・医療・栄養不良の分野で発展途上国の貧困解決の三つをテーマに取り組む）と連携し、独自にスピルリナ・プロジェクトを構築する。

実質的にはアライアンス・フォーラム財団・途上国支援事業部門（ＡＦＤＰ＝Alliance Forum Development Programme）が支援の対象国を選定し、日本独自のプロジェクトを実施する運びとなった。

具体的には、こういうことを考えている。日本の若者、看護学生や大学生を広く募《つの》って一〇人ほどのチームを組み、現地にスピルリナを持って行ってもらい、現地の政府やNGOの協力を得て、直接必要とするコミュニティに届け、給食の手助けをしてもらうのだ。その際、理想をいえば野口英世タイプ、つまりアフリカにおいて医療従事をした経験がある人で、極端なことをいえば、蛇に咬《か》まれたとか、崖から落ちたなどの経験をしたことがあるくらいの人間にリーダーになってもらえればベストである。

このような若い人びとの渡航費用などについては、協賛企業を募り、その援助に基づいて行なう。現在、われわれデフタ・パートナーズのほか、コクヨ、ロート製薬、三井不動産、DIC（大日本インキ）、スピルリナ研究所など、協賛企業が続々と集まっている。

チームに加わる若者にとっても、若くて感受性の強い時期にこのような活動に参加できるのは、たいへんに意義深いこととなろう。世界を「客」として見るのではなく、「当事者」として世界にかかわるのだ。みずからの手で世界を救う一石を投じるのだ。世界の広さ、世界の真実の一端を知ることにもなるだろうし、栄養失調の人びとを助け、生命の重さにふれる経験は多くのものを与えてくれるだろう。

だが、それ以上に、みずから貧しい国の人びとを助けるつもりの若者が、逆に貧しい国の人から助けられる経験をしたり、現地のほんとうに貧しい人たちがさらに恵まれない人たちを助ける姿を見て、途上国から教えられることや感動することがどれだけ多いかを学ぶであろう。

また企業からしても、このプロジェクトへの参加は、たんなる「モノの援助」「カネの援助」ではない。世界に貢献する日本人づくりへの直接的な貢献であり、飢餓や栄養失調を救う国際的プロジェクトへの直接的貢献でもあるのである。同時に、参加した有為《ゆうい》の人びとの志を開花させ、ほんとうにグローバルな視点と多様な価値観を理解できる人材を育成する社員教育のプログラムともなる。

私は若いころ、中央アメリカで考古学を研究したのだが、この経験がなかったらいまの私はありえなかったと思う。同様の体験を多くの若い人びとにしてもらうのはいいことだと強く信じている。

民間企業の力で、未来ある若者に貴重な体験を積んでもらう――このプロジェクトを、ぜひとも胸の躍るプロジェクトにしたい。多くの若者、多くの協賛企業の結集を呼びかけたい。

どんどん広がる可能性

このスピルリナ・プロジェクトを最初にまずどこから実施するか。二〇〇八年の上旬にアフリカ五四カ国について検討を重ね、最終的にザンビア、ボツワナ、モザンビークの三カ国に決定した。

三カ国とも現在、比較的政情は安定化しているが、一人あたりのGNIはザンビアが八〇〇ドル、ボツワナ五八四〇ドル、モザンビーク三二〇ドルである（二〇〇七年世界銀行統計より）。

ボツワナはダイヤモンドや銅などの鉱物資源により数字的にはLDCからは卒業したが、失業率は二〇～三〇パーセント。エイズの感染率も高く、国民の三〇パーセントから四〇パーセントがエイズに罹患《りかん》している。ザンビアも一日の所得が一ドル以下の貧困層が五〇～六〇パーセント。モザンビークもエイズの感染率が高く、またGNIが低いうえに自給作物が少ないために、深刻な飢餓に見舞われている。

スピルリナ・プロジェクトの実施に向けて、二〇〇八年八月、私はこの三カ国の現地視察を行なった。ザンビアでは、三田村秀人大使、中内綾国連ＩＩＭＳＡＭ次席代表といっしょに、保健担当副大臣や科学技術担当大臣と会談し相手国政府の協力要請をしたほか、現地で手を組めるＮＧＯとして、現地のＮＧＯのカウンダ財団の診療所と、日系ＮＧＯのＴＩＣＯ（Tokushima International Cooperation）が建設中の診療所を訪問した。

カウンダ財団は、ザンビア初代大統領のケネス・カウンダ氏が創設した財団で、現在はその子息のワザ・カウンダ氏が全国に一〇カ所以上の診療所を開設して、国民の保健医療の向上に尽力している。ＴＩＣＯは難民救済医療に携わった日本人医師が中心となって設立されたＮＧＯで、ＷＡＨＥ（Water＝水、Agriculture＝農業、Health＝医療、Education＝教育）を軸に支援活動を展開している。

そのほか日系ＮＧＯのＡＭＤＡ（設立時の名称のThe Association of Medical Doctors of Asia〈アジア医師連絡協議会〉の頭文字を取った団体名）など、現地でしっかり活動しているＮＧＯと組むことによって、効果的にスピルリナを役立てることができるはずだ。

ボツワナでも、副大統領はじめ諸大臣と会談したが、まず全国の小学校や保健所を管轄している地方政府省と連携することとなった。これによって、学校や病院の給食にスピルリナを導入することができる。

また、通産大臣や通信科学技術大臣、財務大臣、外務大臣、保健（厚生）副大臣などとの会談を通じて、ダイヤモンドに依存した経済体制から脱却するために、エイズ治療の研究開発で提携しようという話にもなった。

じつはスピルリナには、抗ウイルス作用や免疫機能強化作用があることが研究レベルで報告されている。エイズ感染率が高いボツワナで研究を進めることにこそ意義がある。アフリカの問題をアフリカで解決し、ひいては世界的な問題を解決する糸口とすることも夢ではないのである。

ボツワナは、主要閣僚全員に説明できたので、その後のスピルリナの政府認証プロセスも非常に早く、なんと、八月二十一日に申請し九月十五日には厚生省認可が下りた。

モザンビークでも科学技術大臣や保健大臣と会談したが、ここではとくにスピルリナの培養生産を手がけたいとの要望が出された。というのも科学技術大臣が自分の地元で「ミレニアム・ビレッジ」という国連のプロジェクトを推進していたからである。

「ミレニアム・ビレッジ・プロジェクト」とは、コロンビア大学地球研究所所長で国連事務総長特別顧問のジェフリー・サックスが提唱したもので、アフリカの最貧国一〇カ国の約八〇の村々を対象に、農業、健康、教育、電力・輸送・通信、安全な飲料水と衛生設備などの包括的な援助を五年間にわたって行ない、住民の自立支援を図ろうというものである。

具体的には、灌漑《かんがい》設備を設置したり、肥料・農機具を援助したりすることで農業を発展させ、また蚊帳《かや》などを援助してマラリアを予防する、などの活動が展開されている。このプロジェクトには世界各国から多額の資金が寄せられた。わが国もすでにこのプロジェクトに約二〇億円を拠出している。

もちろん、このような取り組みは意義あるものである。だが、この「ミレニアム・ビレッジ」には大きな問題もある。

つまり、何もないところにお金を投下して、「最初の種を買ってあげる。最初の灌漑施設をつくってあげる。だからあとは自分たちの手でまわしていきなさい」というのだが、もともと所得水準が低い地域にあまりに多額かつ大規模なプロジェクトを展開するために、現地の人びとからすれば、援助された肥料や農機具などを運用しつづけることにお金がかかりすぎてしまうのだ。五年間の支援期間が終わったときに、はたして継続できるか、という点で壁にぶつかるのである。

そこで私は、モザンビークの科学技術大臣に、「あなたの地元のミレニアム・ビレッジでスピルリナを培養生産すれば、自国での飢餓対策用となるのみならず、付加価値が高いものだから輸出して外貨を稼げば、ミレニアム・ビレッジの継続性を確保できるのではないか」とすすめたのである。

そしてもう一つ、私は「日本大使館とJＩＣＡ（国際協力機構）が進めているＰａＶｉＤＩＡ（次項参照）というプロジェクトのほうが、はるかに有効らしい。どちらが効率的か調べてみないか」ともちかけた。そのことについてくわしく説明すると、科学技術大臣も大いに乗り気であった。

三田村大使ばかりでなく、ボツワナでは三井物産から転出した松山良一大使、モザンビークでも三木達也大使から話を聞かせてもらい、「国連旗の下での民間による新しい途上国支援」を、日本政府の試みとどのように連携させればいいのかがより明確になった。

各国に足を運ぶと、現場で多くの日本人が知恵を出し、汗を流して、たいへんな成果を上げている例を見聞きすることが多い。そのような事例に出合うたびに、一人の日本人として私はたいへんに勇気づけられる。日本人は、みずからの同胞が諸外国でどのような活躍をしているかを、もっと知るべきだろう。報道機関も、より積極的にこのようなことを取り上げるべきではなかろうか。

ＰａＶｉＤＩＡとは何か

ＰａＶｉＤＩＡ（Participatory Village Development in Isolated Areas＝ザンビア孤立地域参加型村落開発計画）はザンビアで行なわれている活動で、じつはザンビアの三田村大使から教えていただいたものである。最大の特徴をひと言でいえば、ずばり「日本ならではのきめ細やかさ」である。

まず、この援助は、既存の村を一つの単位として、そこをターゲットにしてなされるという。ザンビアには約九〇〇〇の村があるが、それぞれすでに確立されているコミュニティを単位として、既存の社会資本をいかに開発・強化していくかを考えるというのである。

そのために、村の人口一人あたり一〇〇ドル程度の資金を、一度だけ「村」にまとめて渡すこととする。そして、そのお金をどのように使えばいいかは、村々の集会で話し合いながら決めていく。

ただ、村だけに任せていては、必ずしも効果がある使い方がなされるとはかぎらないので、日本大使館、ＪＩＣＡとザンビア農業省が協力して、日本の専門家からトレーニングを受けたザンビア農業省の農業普及員を現地に派遣し、コーディネーター役を務めてもらう。そして普及員を中心に、村の集会で「その村の資源（リソース）は何か」というところから話を始めるのである。

人口一人あたり約一〇〇ドルの資金を一度しか与えないということが、逆に、「では、この一度だけの資金をどう使えば、いちばん村の資源を高め、継続的な収益に結びつける方法になるか」という問題意識を高める。これまでの例では、足踏みポンプを導入したり、ヤギや豚などの飼育や、養鶏、魚養殖、さらに雑貨店の設置や、主食であるメイズというトウモロコシの製粉機を購入すること、などに充てられてきたという。

ザンビアは比較的土地が肥沃《ひよく》で気候もいい。足踏みポンプなど、継続的に使える灌漑設備を導入すれば、農業生産性を高めることができる。また、ヤギや鶏の餌となる草にも事欠かないから、ヤギや鶏を買えれば、そこから畜産を進めていくことができ、現地の人びとからすれば貴重な現金収入源になる。近くに店がない地域ならば、雑貨店ができれば生活の便利さは一気に増し、近隣からも購買のためにやってくるから、現金収入源となる。メイズの製粉機も、たいへん便利なものだから村人が使うのはもちろん、近隣の人びとも借りに来て、これも現金収入源となる。

何をするかは村の人びとが考えるわけだから、いちばんその村にとってふさわしいものが選ばれる。結果としてきわめて高い費用対効果が得られるのである。

このプロジェクトを進める資金をどうしているかというのも興味深い話であった。じつは日本から食糧増産や貧困農民支援のために肥料などが援助され、肥料の場合、ザンビア政府はそれを手に入れやすい安い値段で農民に売っている。その売上金は、もともと日本の援助物資に基づくものだから、その半分以上の金額が、ザンビア政府と日本とが合意したときに使えるお金として積み立てられていく。その積立金を、ＰａＶｉＤＩＡの資金として活用しているというのだ。

三田村大使によれば、ザンビア農業省に農業普及員という制度があり、農業省との協力でその制度資源を最大限に活用できたのが大きな成果に結びついたという。この発想が、まさに日本的だ。現地の制度を活用し、現地の人びとの手によって、現地の村々を育て、伸ばそうというのである。二〇〇二年の開始から五年間で、七六村、約五万六〇〇〇人が恩恵を受けているという。

いちばん大きな問題の一つは、現地の人が自信と希望を失っていることだと三田村大使は語る。だからこそ、参加型のプロジェクトを行ない、現地の自発性を促して、まさに出発点となる経済基盤をつくりあげる取り組みを進めるのだという。

現地の人びとの目の輝きが変わってくる、という話が胸に響いた。

とかく他国の援助は、村の組織を育てるという意識がないので、「金の切れ目がすべての終わり」ということにもなりかねない。その点、一回かぎり立ち上げ資金を支援するだけで、あとはザンビアの農民が持続的にプロジェクトを続けていくのが、ＰａＶｉＤＩＡの特徴であり、この日本の取り組みにザンビア政府の最高首脳の評価も高く、さらに北欧やＥＵなどの援助関係者から注目が集まりはじめているという。

日本政府も「ミレニアム・ビレッジ」のような国際的な活動への資金拠出ばかりをアピールするのではなく、このようなみずからの手で上げている成果こそをもっと大々的にアピールしてもよかろう。

Ⅲ マイクロクレジットを日本人の手で

貧困層の生活向上を図れる活動

もう一つ、広く展開していきたいのが、「マイクロクレジット」の活用である。

「マイクロクレジット」といえば、ノーベル平和賞を受賞したバングラデシュのグラミン銀行が有名だが、じつは最初に述べたように、われわれと手を結んだＢＲＡＣもこのマイクロクレジットを先駆的に手がけたＮＧＯであり、その社会貢献活動の八割をこの事業の収益を中心に稼ぎ出しているのである。

ご存じの方も多いと思うが、マイクロクレジットとは貧困層が、貧困から抜け出すのに必要な少額資金を、無担保で貸し出す仕組みである。

無担保で貧困層にお金を貸し出して、ほんとうに回収できるのかという疑問も起こるだろう。BRACやグラミン銀行では、借り逃げする悪徳な利用者を避けるために、お互いに返済を助け合うという数人の互助グループを結成した人びとにだけお金を融資する方式をとっている。お互いが必要な金額や収益性についてチェックするし、また一人が返済できなくなったらほかの人が借りられなくなるから、責任性も高まる。これによって、九九パーセント近くの返済率を実現しているのである。

このマイクロクレジットは、貧困層の生活を大幅に改善する可能性を秘めている。

たとえばバングラデシュで、観光客に竹細工を一〇〇円で売っている人がいるとしよう。材料になる竹籤《たけひご》は原価一〇円ほどかもしれないが、その原価を負担できない貧困層は時給五円で一日働かなければならないかもしれない。そうすると、日給はせいぜい五〇円だ。しかし、材料を買うお金をマイクロクレジットで借りることができれば、一個につき九〇円の利益を手にすることができる。

マイクロクレジットの金利は年率一〇～二〇パーセントといわれるが、その金利を支払っても、なおメリットがあるという算段だ。現地の貧困層向けの高利貸しは年利が一〇〇パーセントとか二〇〇パーセントといわれる率だし、また現地のインフレ率を考えれば単純に日本における金利水準と比較できるものでもない。この金利でも十分に大きな助けとなるのである。

BRACのようなNGOにとっても、貧困層の生活向上をこのマイクロクレジットで図りつつ、そこから上がった収益でさらにほかの支援活動も展開できる、というメリットもある。じつに優れた活動なのだ。

このマイクロクレジットの事業を、日本人の手で広く世界に展開できないだろうか。日本では、海外青年協力隊に参加したような志ある若者たちが、帰国後に職がなくて困っている現実がある。しかし、彼らの志や、海外活動で得た経験はきわめて貴重なものである。

そこで、関心のある若者に、アライアンス・フォーラム財団とBRACで研修してもらい、マイクロクレジットの実務を身につけたのち、たとえばもともと海外青年協力隊などで滞在した国で、このマイクロクレジットの事業を展開してもらったらどうかと思うのである。

その元手となる最初の資金は、われわれデフタ・パートナーズ・グループが用意してもよい。BRACはすでにアフガニスタンやタンザニア、ウガンダなどでマイクロクレジットの実験的な試みを行なっている。

BRACと日本の若者が手を携《たずさ》えて、より多くの国々へ拡大できるなら、それはたいへんに大きな貢献となるはずである。

志ある人びとの結集を

さて、スピルリナ・プロジェクトでも述べたように、私は多くの日本の若い人たちに海外へのボランティア活動に参加してほしいと思っている。しかし、たとえばアメリカなどで海外ボランティア計画を発表すると、行きたいという若者の九割くらいが欧米人だ。日本の若者は贅沢になってガッツがなくなっているのかもしれない。

もっと大々的に日本の若者に活躍してもらうためには、ボランティアやインターンを派遣するための一つの仕組みが必要ではないか。そこで考えたのが、国連のWAFUNIFという組織を活用することであった。

WAFUNIF（The World Association of Former United Nations Interns and Fellows, Inc）は、文字どおり、国連の研修生OBたちが機関や部署を超えて結集し、国連憲章第七一条に準拠して設立された国連直属のNGOである。このような研修生制度を経験したうえで国連の各機関のトップに就いている人も多く、横のネットワークもたいへんに充実している。

もともと発展途上国で自分の経験を生かしたいと考える民間の優れた人材を、国連ほか国際機関に送って国連の各組織を活性化していくことを理念としているので、まさに海外にインターンを送るのであれば、このＷＡＦＵＮＩＦを日本へ誘致するのがもっとも合理的だと考えた。

そこで、ＷＡＦＵＮＩＦの海外本部を日本につくろうと思い、五年間働きかけて、二〇〇七年に「ＷＡＦＵＮＩＦ日本アジア機構」ができた。

たとえば海外の先進国の政府支援でインフラを整備しても、結局その国でいちばん潤《うるお》うのは富裕階層であって、富める者はますます富む。統計上の国民所得は大きくなるが、貧困層は人口増加とともに増えていく。そのような点を補完するためにも、このＷＡＦＵＮＩＦなども活用しながら、貧困層に対して、民間の仕組みで貢献していきたい。

いままでご紹介してきたような活動は、きっと多くの日本人も「おもしろい」と思ってくれるものではないかと思う。おもしろいと思ってやること以外は継続しないし、経済的に採算が取れなければ続けられない。だからこそ最終的には、「おもしろくて」「採算も取れる」仕組みを展開したい。

そしてそれを、日本人の手によって普及させたい。日本人による、最新技術を活用した「顔の見える」「きめの細かい」活動で、医療や教育、生活向上への支援で大きな成果を上げ

国連WAFUNIF日本アジア機構の活動

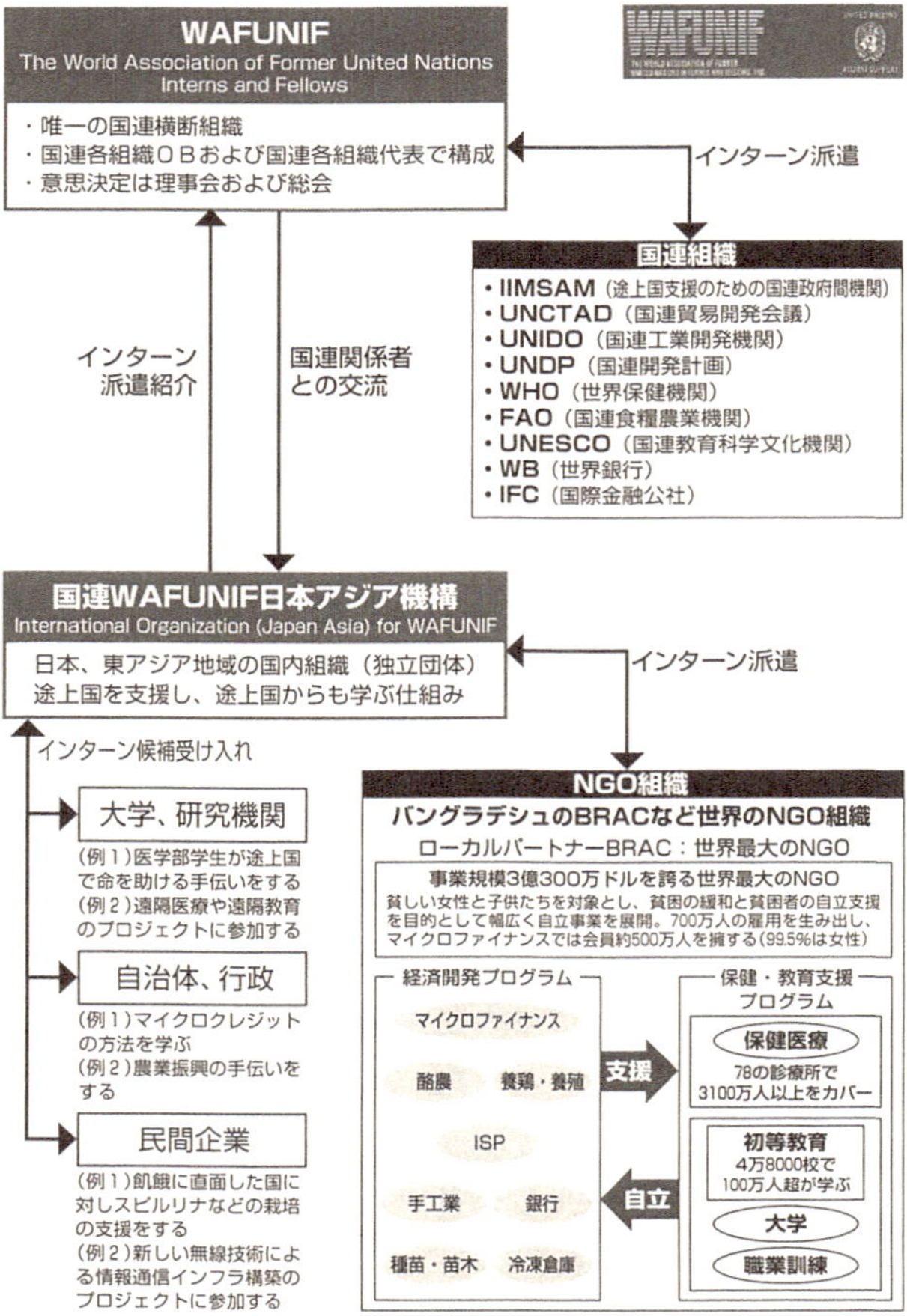
WAFUNIF
The World Association of Former United Nations Interns and Fellows
・唯一の国連横断組織
・国連各組織ＯＢおよび国連各組織代表で構成
・意思決定は理事会および総会
インターン派遣
国連組織
・IIMSAM（途上国支援のための国連政府間機関）
・UNCTAD（国連貿易開発会議）
・UNIDO（国連工業開発機関）
・UNDP（国連開発計画）
・WHO（世界保健機関）
・FAO（国連食糧農業機関）
・UNESCO（国連教育科学文化機関）
・WB（世界銀行）
・IFC（国際金融公社）
インターン派遣紹介
国連関係者との交流
国連WAFUNIF日本アジア機構
International Organization (Japan Asia) for WAFUNIF
日本、東アジア地域の国内組織（独立団体）
途上国を支援し、途上国からも学ぶ仕組み
インターン派遣
インターン候補受け入れ
大学、研究機関
(例１)医学部学生が途上国で命を助ける手伝いをする
(例２)遠隔医療や遠隔教育のプロジェクトに参加する
自治体、行政
(例１)マイクロクレジットの方法を学ぶ
(例２)農業振興の手伝いをする
民間企業
(例１)飢餓に直面した国に対しスピルリナなどの栽培の支援をする
(例２)新しい無線技術による情報通信インフラ構築のプロジェクトに参加する
NGO組織
バングラデシュのBRACなど世界のNGO組織
ローカルパートナーBRAC：世界最大のNGO
事業規模3億300万ドルを誇る世界最大のNGO
貧しい女性と子供たちを対象とし、貧困の緩和と貧困者の自立支援を目的として幅広く自立事業を展開。700万人の雇用を生み出し、マイクロファイナンスでは会員約500万人を擁する(99.5%は女性)
経済開発プログラム
マイクロファイナンス
酪農
養鶏・養殖
ISP
手工業
銀行
種苗・苗木
冷凍倉庫
支援
自立
保健・教育支援プログラム
保健医療
78の診療所で3100万人以上をカバー
初等教育
4万8000校で100万人超が学ぶ
大学
職業訓練

ていきたいのだ。そうすれば、欧米のＮＧＯなども「日本の方式を真似よう」ということになるだろう。

そして二〇五〇年くらいまでには、きっと貧困国の人びとのだれに聞いても、「日本がなくなってもらっては困る」という声が揚がるようになるはずである。

私は多くの方々と手を携えて活動を広げていくことで、これを実現させたいと思っている。志ある人びとの結集をぜひともお願いしたい。

第五章 公益資本主義の経営へ

――市場万能・株主至上の弊害を斬る

Ⅰ　世の中への貢献こそが価値

あまりにおかしくないか

はたして、いまの資本主義は個人個人を幸せにすることができるのだろうか。私は、アメリカを中心に猛威を振るってきた金融資本主義・株主資本主義的な考え方を転換し、新しい資本主義のあり方をつくりあげていかなければならないと考えている。

私の考える新しい資本主義。それは「公益資本主義」である。

「会社の事業を通じて、公益に貢献すること」――つまり、「会社の事業を通じて、会社が関係する経営者、従業員、仕入れ先、顧客、株主、地域社会、環境、そして地球全体に貢献すること」こそが価値として認められる資本主義を実現したい、ということである。

そう聞くと、日本人のなかには「それは当たり前のことではないですか」と考える人もいるかもしれない。まさにそのとおりで、これは立石一真、本田宗一郎、井深大、黒田善太郎をはじめ日本の先達経営者たちがつくりあげた経営理念、企業哲学のなかに脈々と息づいている考え方と相通ずるものである。

だが、このような考え方は近年、まるで良貨が悪貨に駆逐されるがごとくに蝕《むしば》まれてきた。ノーベル経済学賞クラスの研究者たちによって構築された「経済理論」で箔《はく》づけされたアメリカ型の資本主義のあり方が、あたかも金科玉条《きんかぎょくじょう》のように扱われ、そのルールから外れる経済は「誤り」とすらされた。金融工学はまるで数式の解のように正しく、それに基づく金融資本主義は、その原理において誤りはないという「信念」が広まった。

そして「金融で儲けるのが賢いあり方」という風潮のなか、金融資本主義の流れに乗れない産業資本主義は低く見られてきたのである。

現実に、こんな数字がある。二〇〇七年のヘッジファンド・マネージャー上位一〇人の個人所得を合計すると、日本円で一・七四兆円（当時の一ドル＝一〇八円で計算）であった（『ニューヨーク・タイムズ』二〇〇八年四月十六日付）。これはじつに、トヨタ自動車の二〇〇七年度当期純利益の一・七一兆円を上回る金額だったのである（アライアンス・フォーラム財団「公益資本主義研究」より）。

常識的に考えて、いくらなんでもあまりにおかしくはないだろうか。にもかかわらず、これがまかり通っているのが、昨今の資本主義の姿であった。

二〇〇八年十一月末、まさに金融危機の真っ最中のウォールストリートで、金融関係者と話をする機会があった。しかし彼らは、その時点においてさえ、

「これは一部の貪欲な人間がヘッジファンドを運営していたための失敗だ」

「金融工学がどんどん進化しているのに、政府がうまく規制できていない」

「『市場の失敗』よりも『政治の失敗』」

「われわれは、本質的には正しい」

としか考えていなかった。自分たちのやっていることに、何の疑いも抱いていないのである。

彼らの信念は、「市場を極限まで自由にすることが個人の自由と社会の繁栄につながる」という「市場万能主義」と、「企業は株主のためにあり、経営者の役割は株価を最大限に高めることである」という「株主至上主義」の、二つの考え方によって裏打ちされている。これをあたかも普遍の真理のように信じており、これだけの金融危機のあとにもその信念が揺らぐことがないのである。

彼らは、今後もたとえば排出権取引などを舞台として、同じような金融バブルを続けていこうとするだろう。資源や食糧などあらゆるコモディティを投機の対象としていくだろう。そしてその結果、幾度も幾度も価格の乱高下に見舞われ、今回の危機と同じようなことがくりかえされることとなるだろう。

だが、これはほんとうに正しいのだろうか。このようなことを続けていてよいのか。私はこれまで一貫して、このことに対して警鐘を鳴らしてきたが、いまあらためてこの点を指摘していきたいと思う。

経済理論の信憑性

まず、「市場万能主義」はほんとうに正しいか、である。

たしかに理論的には、もっとも効率よく資源分配できるのは「市場原理」に依《よ》ったときかもしれない。だが、その理論が成り立つのは、完全競争が実現していたり、参入障壁に対するコストがなかったり、売り手や商品の情報を完全に手に入れられたり、などといった条件が整ったときである。つまり、「この仮定の下では、これが成り立つ」という理論にすぎないのだ。

このような条件が現実に成り立つかといえば、少しものを知った大人ならば、迷うことなく首を横に振らざるをえないだろう。現実の社会とは、時間が滔々《とうとう》と流れ、さまざまな「変数」が次々と立ち現れては消えていく、きわめて動的な世界である。物も移ろい、情報も移ろい、人の心も移ろう。一秒後の世界は、もう一秒前とまったく同じではありえない。そういう世界である。

第一章でも述べたように、結局、経済学とは、ごくごく大ざっぱにいってしまえば、あらかじめ前提条件をいくつも設定して、このような動的な世界を縛りつけることで、ようやく数式での説明を可能にしているようなものなのである。「研究」のためならば、そのような議論に一定の意味もあるだろうが、では、現実を動かす道具としての信憑《しんぴょう》性はどうか。そのような経済理論で「市場は万能だ」といわれたところで、現実世界でそれにどれほどの意味があるだろうか。

もちろん、たしかに動的な現実世界とかかわって資源配分するにあたっては、少数の人間の小さな頭で需要と供給などすべてを考える「計画経済」より、「市場原理」に委ねたほうがマシであることは間違いあるまい。しかしだからといって、「市場原理」を絶対視するのは誤りである。

「市場原理」を信奉するあまり、「自由市場に委ねれば、おのずと公益すらも実現する」と論ずる人もいるが、やはりそれは間違いなのだ。それは、たとえば環境の問題を市場原理だけで解決できるか、ということを考えるだけでも明らかだろう。むしろ「市場原理」の前提条件が満たされない場合には、きわめて不幸な結果を招来する可能性があることを、けっして忘れるべきではないのである。

あらためていうまでもなく、私は社会主義より資本主義がはるかにいいと思っている。国家統制の経済よりも、資本主義の経済のほうがはるかに優れている。

だが、市場は「自由」でありさえすればよいというものではない。そして現実に市場がまったく自由ということはありえず、法律、規制、伝統的習慣、倫理観など、市場に対するさまざまな制限が存在している。社会主義的に政府が直接に経済を運営せずとも、市場への制限をうまく設計することにより、個人の自由を守り、経済の活力を高めつつ、資本主義と公益を両立させていくことが可能なはずである。

そのことは、二十世紀に、資本主義と社会主義のイデオロギー対立があったころのことを考えてみてもわかる。当時の資本主義は、社会主義との「競争」のなかで、やりたい放題にはならずに遠慮している部分があった。アメリカといえども、何もかも自由化してしまうことが正しいなどということはいわなかった。資本主義の側にも「自律」が要求され、「世の中に貢献する」という議論のほうが、「株主価値を最大化しよう」などという議論より重んじられていた時代でもあった。

ところが、冷戦が崩壊して以後、よきにつけ悪しきにつけ、資本主義が本性をあまりに露呈してしまった。そのために、あくまで理論上の考え方にすぎない「市場万能主義」をここまで持ち上げ、「株主至上主義」をここまで蔓延させてしまうことになった。

都合よく使われるツール

その結果どのようなことが起きたか。一つの象徴的な例として、アフリカの話を挙げよう。

前章で紹介したザンビアは、もともと銅の一大産出国だった。かつては国有の銅開発会社があったのだが、一九九〇年代、欧米で流行していた理論に基づいて民営化を進めた。IMF（国際通貨基金）の指導に基づいて外資規制を緩和し、為替の自由化も行なった。外資系の民営会社になって、銅開発会社の経営は効率化し、生産量を下げることで銅の価格を上げることにも成功した。企業の収益は大いに上がったので、国としてのGDPも上がった。

しかし、もともと一〇万人規模だった銅会社の従業員は数万人にまで減った。また、かつてならば為替管理によって、ザンビアで得た収益をドルに交換するには一定の限度があったが、為替を自由化したために、収益は外国に流出することになった。当然のこととして、現地への波及効果は弱くなる。貧困階層はまったく貧困のまま。むしろ失業者が増えたぶん、悪化しているともいえる。

残念ながら、その時々の権力者や金持ちにとって都合のいいことを正当化するために、学問が使われ、メディアが使われる部分があることは否定できない事実である。そのために多くの人たちは、なんとなく変だとは思っても、「まあ、そんなものか」と思い込んでしまったり、またはさらに、自分から積極的にそのような状態になることを望むことすらある。「市場万能主義」がそのようなツールの一つとして使われている側面があることも、私は否定できない事実だと考える。

欧米の大学に留学して経済学を学んだ現地のエリートたちも、なぜ民営化がマイナスなのかについて、いまひとつピンとこないようだった。

国連経済社会理事会常任諮問団特命全権大使として、二〇〇八年の夏にアフリカ諸国を訪問したとき、財務大臣、通産大臣、外務大臣など主要閣僚と会い、英米からの考えがなぜおかしいのかを話し、公益を考える資本主義とはいかなるものかを説明すると、「そのような理論は、アメリカでもヨーロッパでも聞いたことがない。さすが日本だ。そのような理念こそを日本に教えてほしい」と大いに期待を寄せられた。

なかでも、ザンビア駐日大使は、二〇〇八年十月九日に東京で開催されたワールド・アライアンス・フォーラムで、ことさらに「公益資本主義こそアフリカの歩む道である」と強調した。二〇〇九年三月十一日に淡路島で開催されたワールド・アライアンス・フォーラムでは、バングラデシュなどアジア諸国も同調してくれた。

話はそれるが、世界に出てみると、日本の長い歴史と、日本的な資本主義の歩みは、日本人にとっての大きな財産だと、身に染みて痛感することが多い。「おかしな常識」に惑わされないためには、いまこのときだけを見るのではなく、歴史を踏まえ、人間の何たるかを考える大きな視野が必要であろうが、その点、日本人はたいへん恵まれている。先人たちの歩みが、われわれに大きな叡智を与えてくれているからである。経営の透明性など変えていかなければいけない点も多いが、日本人として、このことは十分に自覚すべきだと思う。

さて、このように「市場万能主義」の問題を見てきても、「市場原理」の正しさを信じるあまり、市場に政府が介入すべきか否かという点について、まだ否定的な考え方を抱いてしまう人もいるかもしれない。

だが、そのようなときこそ歴史を思い起こすべきだろう。一九三〇年代の大恐慌の前も、そして現在の金融危機の前も、「市場万能主義」的な考えが一世を風靡《ふうび》していた時代であった。だが、「市場万能主義」を突き進めた挙げ句、いまも昔も市場は破綻の危機に直面し、結局は政府が大規模に市場に介入する羽目になったのである。現在、市場機能を維持するために、はたして世界じゅうでどれほどの公的資金が投入されたことか。

遅かれ早かれ政府が介入せざるをえないのならば、「市場原理」を推し進めて破壊と混乱を巻き起こしたあとに介入するより、事前に「公益」を考える資本主義を導入するよう誘導するほうが、はるかに賢くはないだろうか。

エネルギーと食糧はマーケットだけに任せるな

私は、とくにエネルギーと食糧に関しては、マーケットメカニズムで決めるのは誤りだと考えている。

たとえば、化石燃料を使いつづけることは、これから発展途上国がどんどん経済発展をしていくなかで環境的に非常にマイナスであることは、わかりきったことであった。何らかのクリーンエネルギーに変換していく必要があったはずだ。

しかし、エネルギーがマーケットメカニズムに委ねられていたために、この移転は非常に遅れてしまった。かつて原油が低価格だったとき、代替エネルギーの開発は割に合わないと判断されてしまったからである。

食糧も同じで、これをマーケットメカニズムに任せっ放しにしてしまったら、真の安定供給は図れない。

近年、エネルギーと食糧が金融資本の投機の対象とされて、価格の乱高下をくりかえすことになった。たしかにそれ以前は、エネルギーも食糧も比較的低価格で国際市場で取引されていたかもしれない。だが、これから先、その状況が続く保証はどこにもない。世界的な人口増加と発展途上国の経済成長にともなって、エネルギーも食糧も需給が逼迫《ひっぱく》する方向に行くことは間違いない。投機筋も、それを見越して活発化している。にもかかわらず、このまま日本が安易に輸入に頼りつづけたら、この先いったいどうなるか。

エネルギーと食糧に関しては、すべてをマーケットメカニズムの自由競争に委ねた場合、生活環境があまりにも外部要因によって左右されることになってしまう。エネルギー価格が高騰したり、食糧の需給が逼迫した場合には、安全保障の問題にも直結しかねない。エネルギーと食糧については、自給率を高めるとともに、投機の要因を排除した安定供給メカニズムをつくっておくべきなのである。

エネルギーについていえば、コストにかかわらず、たとえば太陽電池パネルを設置していくというような決断をしていくことが重要である。

たしかに現段階ではまだ、太陽光発電は火力発電などとくらべてコスト的に割が合わないのかもしれない。だが、これは価格が合うか合わないかの問題ではない。いかにクリーンエネルギーに移行するかという問題なのであり、日本について考えるならば、いかにエネルギー自給率を高めるかという問題なのである。

これについては、社会の発展のために必要な社会インフラを整備するのと同じ発想をすべきだろう。たとえば、道路をつくることは第一義的に「価格が合うか合わないか」という類の問題ではなかったはずだ。いまの時代ならば、社会インフラとして、道路ではなく太陽電池パネルをどんどん設置していけばよいのである。

ただし、政府が一律に生産して配布する社会主義的なかたちにすると、太陽電池のコストダウンや性能向上は望めない。そこで太陽電池を設置したときに、その費用を税額控除できる制度を導入すればよいのだ。

たとえば、もし家庭にソーラーパネルを設置する費用が一五〇万円だったとするならば、その一五〇万円を税額控除できるようにする。そうすれば、太陽電池パネルの設置に弾みがつくだろう。しかも、受注競争になるから太陽電池の性能もどんどん向上していく。また量産効果もあって、コストもどんどん下がっていくはずだ。

食糧については、通常のマーケットメカニズムとは別に、安定供給のための仕組みをつくりあげたらどうだろうか。

たとえば、日本人の生活に必要な食糧水準を、たんぱく質や脂肪、ビタミン、ミネラルなど栄養素のバランスと摂取カロリーなどから決めて、それに必要なさまざまな農産物を、マーケットの価格と関係なく、一定の価格で供給することとするのである。

つくったものを安定的に買ってくれることがわかっていれば、生産者もいい農産物を安心してつくれるようになるだろう。

もちろん、その農産物をつくるのが一つの農家だけなら、品質の悪いものを買わされる社会主義経済のようなことになってしまう。そうではなくて、基礎的な需要量を決め、そこについては価格を一定にしつつ、供給は何十、何百の生産者が行なうこととして、「品質による競争」を導入すればよいのだ。

安定供給メカニズムに参入する生産者も、三年なり五年なりのスパンの入札で決定するようにする。そうすれば、質が悪い生産者はその入札のときに入れ替えることができる。

日本では食糧管理制度があって、米や麦の価格や供給を国が管理してきたが、制度疲労を起こして大きくその姿を変えてきている。いまこそ農業政策への発想を抜本的に変えて、新しい食糧安定供給システムを構築すべきだと考える。

くりかえすが、国民の安全安心な生活のために必要最低限のエネルギーと食糧の二つについては、自由競争のマーケットメカニズムだけに任せておくべきではない。価格による競争原理のことばかりを考えていると、それこそ全部、外国から輸入したほうが安いという議論にもなる。

だが、安いときのことばかりを考えるのではなく、長い目で見る必要がある。そのような安定供給メカニズムがあれば、国際市場の価格が乱高下したときにも日本の市場は非常に安定する。これはとくにエネルギーと食糧については、きわめて有効なことであるはずだ。

ストックオプションは毒

次に「株主至上主義」の弊害について見てみよう。

簡単にいえば、「株主至上主義」とは、「会社はだれのためのものか」というときに、株主のことを圧倒的に最優先して還元していこうという考え方である。それが正しいとすると、株主にとっての会社の価値とは、まさに時価総額（株価×総発行株式数）であり、短期間で株価を上げる経営者がいちばん優秀な経営者ということにならざるをえない。

短期間で高いリターンを要求される経営者は、悠長な研究開発や長期的な開発投資を行なうことなどはせず、利益を出すための効率化や組織縮小を無理をしてでも行ない、上がった利益を配当にまわし、自社株を買いもどすなどという、後ろ向きな「経営改革」に血道をあげることになる。

その結果、当然、会社は疲弊することになる。

だが、自分のことだけを第一に考える経営者からすればそれでもよいのだ。なぜなら、短期的に株価を上げることは、「ストックオプション」によって、経営者自身の収入という面からも有益だからだ。

たとえば、経営陣に入って、一〇〇万株を一株五ドルで買い取る権利をもらい、株価が八ドルになれば、差額の三ドル×一〇〇万株で三〇〇万ドル（約三億円）の収入となる。ただしストックオプションは通常、退任して数十日以内に行使しないと権利を失うことになるから、経営者としては自分の在任期間中に株価を上げなければ意味がない。そして、アメリカのCEOの在任期間はせいぜい五年前後である。だから経営者としても、短期間で高い株価を叩き出すことにもっぱら腐心するのである。

だが、その結果、会社の公平性も大きく歪められている。アメリカの経営者の平均賃金は、一般社員の平均賃金の約四〇〇倍を超している。一九九〇年には一〇〇倍程度であったから、この間に急速に格差が広がっている。一億ドルを超える退職金を受け取る経営者すら、けっしてめずらしくはない。そしてこの経営者の報酬の大きな部分を、ストックオプションが占めているのである。

また、株価を上げるために、メディア受けする発表ばかりにうつつを抜かす経営者も山ほど生まれることになる。短期的に資産圧縮などで会社を疲弊させつつ、将来のことを考えずにいま儲かる事業だけに集中してROEを上げ、しかもアナリストをうまく使って上手なI

R（投資家向け情報提供）をやり、いかにも会社に将来性があるように市場や投資家を欺《あざむ》くのは、そう難しいことではない。

だが、それはほんとうの企業価値なのだろうか。

ストックオプションは、会社が非公開のあいだは、創業者が経営陣や従業員に対して株式を分け与えて「自分の会社だ」というモチベーションを与える意味から、意義ある制度だと思う。だが株式公開したあとの企業にストックオプションを認めることはたいへんな毒であり、法律で断固禁止すべきであろう。

地道にすばらしい経営をしていてもそれを外部に宣伝せず、結果として時価総額が会社の資産より低い状態になっている企業の経営者は間抜けだ、などと嘯くアクティビストもいる。しかし、自分を大きく見せようとするばかりの経営者と、コツコツと実業を積み重ねていく経営者とをくらべて、どちらがまともかといえば、私は断然、後者だと考える。

およそ、人気取りだけの目立ちたがりの経営に目を眩《くら》まされることほど、馬鹿げたことはない。だが、むしろそのような実のない経営者こそを評価し、長期的には会社の価値を毀損《きそん》するような行為に拍手を送ってきたのが、株主至上の資本主義だったのである。

Ⅱ すべての会社は「中小企業」になる

新たな価値基準を打ち立てよ

これまで見てきたような、アメリカ型資本主義の間違った姿に対して、「公益資本主義」の有効性を広く訴えていくために、私は公益資本主義にとって必要な要素を明確に打ち出して指標化し、あえて「数式化」していきたいと考えている。

なぜなら、現在の資本主義のあり方こそ正しいと思っている人びとに理解してもらうためには、同じレベルで議論をしなければならないからだ。数字・数式で証明されるものだけを科学とみなし、上位概念を理解できない理論経済学者の一派に対しては、理解できるレベルに合わせて理論を構築していく必要があるのである。

そしてそれは、複雑系など、新しい数学理論を使えば十分に可能だ。さらに、経済学の隣接領域の学問分野からの囲い込み的な論法を展開し、追い込んでいく。

一九九九年からアライアンス・フォーラム財団では、ポスト資本主義をつくるための議論を続け、二〇〇七年には公益資本主義研究部門をつくって私がみずから研究部門長となり、若手の研究者たちとこの研究を進めている。二〇〇八年には東京財団も参加し、今後はほかの財団も参加予定だ。

われわれ研究チームは、公益資本主義の指標として、次の三つを考えている。一つ目は「公平性」、二つ目は「持続性」、三つ目は「改良改善性」である。この三つの指標において優れている企業は有望である、という価値基準を確立したいのである。

そのような指標を価値基準として打ち立てることができるのか、と不思議がられるかもしれない。しかし、そもそも株価を左右する指標がどのようなものであったのかを見ていけば、この考えがまったくの絵空事ではないことがおわかりいただけるはずだ。

たしかにいま現在は、ＲＯＥが重視されている。だが、なぜＲＯＥを重視すべきなのかを、とことんまで問い詰められて答えられる人がいるだろうか。ネットバブルのころは、ユーザー一人あたり一万ドルなどとまことしやかに語られ、現実に株価もそれを意識しつつ動いていた。その前の時代にはＰＥＲ（株価収益率）が重視されていた。

極端なことをいってしまえば、どの指標が重視されるかは、一種のファッションにすぎないのである。いずれも、数学的に説明できる指標を駆使することによって、ほんとうは難しい現実を単純化して考え、比較しようとしてきただけのことである。

ならば、公益資本主義の三つの指標を、これから重要な指標として通用させていくことも何ら不可能なことではないと思うのだ。

創造性・幸福感・柔軟性のある会社

まず、第一の指標の「公平性」だが、先ほど述べたように、十数年の経済成長を経たはずのアメリカではいま、経営者（CEO）と一般社員の平均年収はきわめて「公平性」を欠いており、その差は四〇〇倍ある。そして、一般のアメリカ人の平均年収は、一ドル＝一〇〇円換算でも三五〇万円程度しかない（『ビジネスウィーク・サンプル』二〇〇六年）。金融危機後には一般給与がさらに低下するであろうから、経営者と一般社員との年収格差はさらに拡大する可能性も高い。

このような経営を続けていけば、いくら働いて会社が儲かっても、上に厚く下には薄い所得配分に嫌気が差して、社員の会社への参加意識は大きく毀損される。これから企業内でいかに知を創出していくかが重要な課題であるにもかかわらず、改善・改良に努め、創意工夫をしていこうという社員の熱意は低下する一方となってしまうだろう。

これまでアメリカ社会は、金儲けのチャンスはだれにでもある、だれもが成功者になりうるという「アメリカンドリーム」への幻想で社会を牽引してきた。だが実際には「平等」へのチャンスはどんどん減少している。貧しければ優れた大学へ進学できる可能性も少なくなる。社員として勤務しても、何の習熟性もない仕事を延々とやらされつづけるだけで、仕事としての進歩発展に乏しい。一般社員の貧困化がさらに進めば、ますます社会としての統合性は失われるだろう。

このように見ていくと、長期的に見れば、公平性を確保している企業のほうが、創造性を発揮する可能性が高まることは自明のことだろう。これは企業の将来性を検討するときの、重要な観点となるはずである。

第二の指標は「持続性」である。いま、会社は株主のものだという価値観に基づいて、アクティビストやヘッジファンドは、短期的に株価を上げる圧力をかけるだけでなく会社の内部留保を取り崩すことを要求し、収益が上がればその大部分を配当金とすることを求める。

そのために会社は、将来への備えも開発投資もできず、衰退してしまう。アメリカのベンチャー企業は寿命が短いことが多いが、それはこのような株主からの要求にさらされるからにほかならない。

短期的に利益を最大にするよりも、長期的なことを考えて経営したほうが、株主にとっても長期的にプラスになる――そのことをぜひとも一つの指標としたいのである。

私がこれまでさまざまな企業をつくりあげてきた経験からすると、社員が短期的な利益を会社から取ろうとしないで経営に参加していくのは、会社が小さい段階であることのほうが多かった。リーダー（CEOや創業者）の掲げる長期的なビジョンを信じ、みんなで目標を共有し、会社に貢献しよう、会社に尽くそうという熱意をもって参画していく。そしてそのような会社のほうが、むしろ社員個々人の幸福感も高い。

ところが大会社になっていくと、だんだん「なるべく働かないで給料だけは多く取ろう」などといった意識ばかりが高まってしまう。そして経営サイドも社員への経費を削って経営数字を整えよう、などということばかりを考えるようになる。組織は弱り、個人は大切にされず、幸福感も低下してしまう。

「小さな企業と同じような状態を大企業のなかにいかにつくるか」。これは「公益資本主義」

の理論における重要な命題である。

三つ目は「改良改善性」である。ＧＭがダメになった一因に、大型車は小型車よりも一台の儲けが大きかったために、小型車をつくる方向にシフトできなかったという理由があった。成功体験をもっている大企業ほど、柔軟性を失い、新しい業態へと変化していくことができない。そこが問題なのである。

変化への柔軟性をいかに組織のなかにビルトインしているかが明確な指標となれば、企業組織の問題を分析するうえでたいへん有益なものとなるだろう。そして、この指標で考えるとき、いかなる組織が変化に柔軟かといえば、結論は先ほどと同じである。つまり、「すべての企業は中小企業になっていく」ということである。

「改良改善性」が指標となっていけば、必然的にそのような組織論が求められていくことになるだろう。

志をもとに活性化する組織

これらの三つの指標が一般化するとき、企業のあり方も組織のあり方も大きく変貌することとなるだろう。要は、企業が事業を通じて社会に貢献し、貢献したことによって儲け、さらに儲けることで社会に貢献するという資本主義を実現するのである。人びとが豊かに幸せになることを究極の目的とする資本主義の誕生である。そして、それはけっして夢物語ではない。

デフタ・パートナーズが大株主で私が経営するXVD社の技術者は、途上国で遠隔医療や遠隔教育に役立ち、自分のつくった技術で貧困を撲滅できることに誇りをもっている。

マイクロソフトのビデオプロジェクトの開発部門長から転職してきて、いまはXVD社のCTO（最高技術開発責任者）となった人物を、アフリカでの開発支援に技術を役立たせるためにモザンビーク担当に任命したところ、当初は左遷されたと思ったのか不満そうであった。だが、三週間ほど現地とコミュニケーションをとって、そこでの大きな期待を肌で感じると、「アフリカでこのような仕事を経験できる機会を得られたことが嬉しい。前の会社では、研究開発にこのような喜びはなかった」と俄然《がぜん》、目が輝き出した。

従業員としても、たんに株価が上がるだけの会社より、自分が携わる事業が「役に立っている」ことを肌で感じられる会社のほうが、はるかに深い喜びをもたらしてくれるのである。

このような「事業を通じて社会に役立つ」という志は、かつての経営者たちが多分にもちあわせていたものである。オムロンの創業者の立石一真は、身体障害者たちが勤める工場をつくった。影響を受けたソニーやホンダも、同様に身障者が働ける工場をつくった。私の祖父も、戦前、大阪で町工場を興してある程度成功したのち、聾唖《ろうあ》者たちには職がないという話を聞いて、聾唖者のための学校をつくって職業訓練し、その人たちを自社の工場で生涯雇用した。そのようなことに取り組む経営者が、日本には数多くいたのである。

これらの取り組みは、けっして「企業イメージを上げるため」にしていたのではない。「会社が利益を上げることができたのは社会のおかげだ」と考えた経営者が信念で行なった事業活動そのものである。いま流行のCSRとは違うのだ。

このような経営活動は、いまの株主資本主義的観点からすれば、会社のROEを落とすことだとしてマイナス評価しかされないかもしれない。

だが、会社とは、そんなつまらぬものではないはずだ。本気で社会に貢献する会社を創ろうとする志こそが重要なのである。

組織がこのような志をもとに活性化すれば、社員は生き生きとし、結果的に会社も儲かる。そんな世の中をつくっていくほうが、時価総額を上げた人間を立派だと誤解する世の中よりはるかにすばらしい。

いまの経済理論は、まだそのすばらしさを説明することができない。だが、われわれの「公益資本主義」研究プロジェクトは、必ずや経済理論を、それを語れる次元にまで高めるだろう。

いま目の前の階段を上れ

第二章、第三章で語ったような、新しい技術による新しい基幹産業の創出。第四章で語った、民間の力による顔の見える途上国支援。そしてこの章で語った、新しい公益資本主義。これらを実現した日本は、日本人にとってすばらしい国、そして先進国からも途上国からも必要とされる国になるだろう。

ともすれば、これは世界全体を動かすような大きなことを語っているように思われるかもしれない。しかし、少なくともわが社の小さな範囲内であれば、これは必ず実現することである。

私は、だれもやらなくても、自分自身だけでできることしか語っていない。事業家として、「ポストコンピュータ産業」を実際につくりあげる。また上場したときにアクティビストやヘッジファンドの餌食《えじき》にならないように「公益資本主義」の理論を完成させて、みずからその下で経営を行なっていく。また、XVDなどの最新技術を活用した教育・医療分野での途上国支援や、理想的な「たんぱく源」であるスピルリナによるアフリカの栄養不良撲滅活動も展開していく。

新しいことを、リスクの取れる範囲でまず自分で最初に実験してみて、うまくいったものに関しては広く発信する。そのような有言実行の活動をこれからも続けていきたいと考えている。

まず、自分にできることをやっていくのが重要なのである。一足飛びの空想に耽《ふけ》っても何も事は始まらない。希望を掲げて、目の前の階段を一歩一歩上ることによって、はじめて理想は実現する。

日本は、長い歴史のなかで独自の倫理と資本主義の精神を培《つちか》い、高い技術力を磨き、ものづくりを中心に実業をコツコツと積み上げてきた。そのような日本の社会や経済を支える一人ひとりが、みずからの持ち場で夢を描いて努力を積み重ねれば、必ずや大きな成果が生まれるはずである。

第二章の冒頭に、「日本は、なんと『希望』への可能性に満ちた国だろうか」と書いた。

日本はじつに可能性に満ちた国である。そして、大きな希望を世界に発信できる力と素質をもつ国である。まさに、「希望の大国・日本」なのである。

一人の日本人として、ぜひともその実現に向けて力を尽くしたい。志を同じくする多くの人びととともに、それを進めたい。それが私の願いである。

あとがき

希望とは何だろうか。そして幸せとは何だろうか。

いま、このことについて、どれだけ真剣に考えられているだろうか。

本文でもふれたとおり、経済学は数字で表せないものをすべて捨て去ってしまい、「幸せ」という考え方さえ、数値化し、尺度に頼るような風潮を撒《ま》き散らしてきた。そのためもあって、「お金をもっていることこそが幸せ」、あるいは「幸せになるためにはお金儲けをしなければならない」などという考えが大いに広まってしまった。

たしかに、お金をもっているかもっていないかの尺度で測れば、どんな愚か者でもくらべてみることができるだろう。だが、ほんとうにそれが正しいのか。

私はベンチャーキャピタリストとして、富豪を五〇〇人以上は生み出してきたが、見ているとみな、その後ろくな人生を送っていない。

いちばんお金持ちになったのは、ネットバブルのときに私が出資した会社の社長だった。

スイス人の貧しい青年だったが、三十歳くらいで、いきなりキャッシュで五〇〇億円を手にしたのである。貧しかった反動で大きな家に住みたいと思ったのか、彼はお城を買った。かつての大富豪ならば、子どものときから召使いにかしずかれることに慣れていただろうが、子どものころ親子だけで慎ましく生きてきたような人間が、急に使用人という「他人」といっしょに生活したら、それだけでも精神的に不安定になってしまうものだ。

あるいは、お金をもつと、みずからのステータスを満足させるために、プライベートジェットに乗りたいなどと思う人が多いようだが、プライベートジェットは空港でのプライオリティが低いために、わざわざ主要空港から遠い空港に駐機させられて、結局、そこまでの移動に時間がかかってしまう。

ステータスを満足させれば幸せになると思い込み、さまざまなことにお金を注ぎ込んではみるものの、実際にはお金がかかりすぎるわりに便利さは得られず、また、値段が高いからといって特段においしいものが食べられる保証もない。うわべのカッコよさなど、現実の幸福とは何の関係もないのである。

そもそも、お金というものは、「幸せになりたい」という夢をかなえるための道具にすぎない。しかも、これまで数多くのお金持ちたちを見てきた経験からすれば、必要以上のお金を手にすると、かえって真の目的はかなえられなくなるものである。目的は、必要な金額よりちょっと少ないくらいのお金をもっているときにこそかなえられるものであって、お金がありすぎたら、目的は絶対にかなわない。そういうものなのである。

日本は、「残りものには福がある」という言葉が「生きた言葉」として残っている、めずらしい国である。アングロサクソンの社会では、力の強い者、権力のある者、お金をもっている者がいちばんいいものを手にできると人びとは信じている。だからとにかく、そのような存在になりたがる。最後に余ったものなど、ろくなものではない、というのが彼らの常識なのである。

しかし、みんながいちばんいいと思ったものは、じつは「いいものではなかった」ということが多いのだ。なぜなら「いいもの」とは、人間が頭の中で計算して判断した結果の価値観だが、所詮、人間が計算できることなど、どんなに頭がよくても限られているからである。計算方法がたいしたものでない以上、それで判断した「いいもの」だって、じつはたいしたものではないのである。

人生もそうだ。

私はアメリカのビジネススクールの後輩たちに、よくこう話す。

「君たちは頭がいいから、人生の最短コースを突っ走ってキャリアをつくりあげて、若いうちに有力なポジションに就こうと思って生きているんだろう。しかし、人生はそんなものではない。君ら程度で考える最短コースなど、じつは最短ではないんだよ」

いちばん重要なのは、目の前に与えられたことを一所懸命、誠心誠意コツコツとやっていくことなのだ。それはつまらないことかもしれない。嫌なことかもしれない。しかし、どのようなことであれ、自分で経験したことは必ず一生のうちで無駄にはならない。その基本的な姿勢を忘れてはいけないと思う。

第五章の最後に書いたように、日本は、長い歴史のなかで独自の倫理と資本主義の精神を培い、高い技術力を磨き、ものづくりを中心に実業をコツコツと積み上げてきた。「そんなことを続けていたら時代から取り残されてしまう」と、こうした日本のあり方を馬鹿にするような議論もさまざまになされてきたが、それでも日本の現場では、そのような努力が営々と続けられてきた。

その積み重ねが、いまの日本の底力をつくりあげている。日本人としてまず、このことに大きな自信と誇りをもつべきなのだ。

アメリカ発の金融危機によって、これまで「幸せへの最短コース」だと一部の人間たちが固く信じていた金融資本主義がもろくも崩れた。今後、世界がどのような局面に向かうか、議論も百出している。

だが、日本人はこんなときにこそ肝に銘ずるべきなのだ。幸せへの最短コースとは、目の前にあるこの道を誠実に歩むことなのだ、と。基本に忠実に、正しいと思うことを「急がばまわれ」の精神でやりとげていくことなのだ、と。

本書が、そのような道を歩もうとする人びとにとっての「一つの道しるべ」になれば、著者として大きな喜びである。

原 丈人

二〇〇九年三月

本書は、弊月刊誌『Voice』の連載「希望の大国・日本」
（2008年10月、11月、2009年1月、2月号）を中心に
再構成してまとめたものである。

PHP新書
PHP INTERFACE
https://www.php.co.jp/

原 丈人[はら・じょうじ]

1952年大阪生まれ。デフタ・パートナーズ グループ会長。アライアンス・フォーラム財団代表理事。慶應義塾大学法学部卒業後、中央アメリカの考古学研究に従事する。その資金づくりのためにスタンフォード大学経営学大学院で学び、国連フェローを経て、同大学工学部大学院を修了。29歳で光ファイバー事業をシリコンバレーで起業し成功。以後ベンチャーキャピタリストとして、オープラス・テクノロジーズ(現インテル)、トランシティブ・テクノロジー(現IBM)、ボーランド、ピクチャーテル(現ポリコム)、トレイデックスなどのベンチャーを世界的企業に育成する。アメリカ共和党のビジネス・アドバイザリー・カウンシル名誉共同議長、国連経済社会理事会常任諮問団IIMSAM特命全権大使、国連ONG WAFUNIF代表大使、日本国政府財務省参与、首相諮問機関政府税制調査会特別委員、産業構造審議会臨時委員、総務大臣ICT懇談会委員を歴任。

著書に『21世紀の国富論』(平凡社)がある。

新しい資本主義
希望の大国・日本の可能性

PHP新書 594

二〇〇九年五月一日 第一版第一刷
二〇一五年五月二十九日 第一版第六刷

著者――原 丈人
発行者――永田貴之
発行所――株式会社PHP研究所
東京本部――〒135-8137 江東区豊洲5-6-52
ビジネス・教養出版部 ☎03-3520-9615(編集)
普及部 ☎03-3520-9630(販売)
京都本部――〒601-8411 京都市南区西九条北ノ内町11
組版――有限会社エヴリ・シンク
装幀者――芦澤泰偉+児崎雅淑
印刷所
製本所――大日本印刷株式会社

©Hara George 2009 Printed in Japan

ISBN978-4-569-70832-4

※本書の無断複製(コピー・スキャン・デジタル化等)は著作権法で認められた場合を除き、禁じられています。また、本書を代行業者等に依頼してスキャンやデジタル化することは、いかなる場合でも認められておりません。
※落丁・乱丁本の場合は、弊社制作管理部(☎03-3520-9626)へご連絡ください。送料は弊社負担にて、お取り替えいたします。

ＰＨＰ新書刊行にあたって

「繁栄を通じて平和と幸福を」(PEACE and HAPPINESS through PROSPERITY)の願いのもと、ＰＨＰ研究所が創設されて今年で五十周年を迎えます。その歩みは、日本人が先の戦争を乗り越え、並々ならぬ努力を続けて、今日の繁栄を築き上げてきた軌跡に重なります。

しかし、平和で豊かな生活を手にした現在、多くの日本人は、自分が何のために生きているのか、どのように生きていきたいのかを、見失いつつあるように思われます。そして、その間にも、日本国内や世界のみならず地球規模での大きな変化が日々生起し、解決すべき問題となって私たちのもとに押し寄せてきます。

このような時代に人生の確かな価値を見出し、生きる喜びに満ちあふれた社会を実現するために、いま何が求められているのでしょうか。それは、先達が培ってきた知恵を紡ぎ直すこと、その上で自分たち一人一人がおかれた現実と進むべき未来について丹念に考えていくこと以外にはありません。

その営みは、単なる知識に終わらない深い思索へ、そしてよく生きるための哲学への旅でもあります。弊所が創設五十周年を迎えましたのを機に、ＰＨＰ新書を創刊し、この新たな旅を読者と共に歩んでいきたいと思っています。多くの読者の共感と支援を心よりお願いいたします。

一九九六年十月

ＰＨＰ研究所